带着文化游名城

老苏州记忆

李世化 编著

黄河出版传媒集团

阳光出版社

图书在版编目（CIP）数据

老苏州记忆 / 李世化编著. —— 银川：阳光出版社，
2025. 5. —— （带着文化游名城）. —— ISBN 978-7-5525
-7706-8

Ⅰ. K295.33-49

中国国家版本馆CIP数据核字第2025C9D670号

带着文化游名城

老苏州记忆

李世化 编著

责任编辑　马伟锴　丁丽萍
封面设计　尚世视觉
责任印制　岳建宁

黄河出版传媒集团
阳光出版社　出版发行

出 版 人　薛文斌
地　　址　宁夏银川市北京东路139号出版大厦（750001）
网　　址　http://ssp.yrpubm.com
网上书店　http://shop129132959.taobao.com
电子信箱　yangguangchubanshe@163.com
邮购电话　0951-5047283
经　　销　全国新华书店
印刷装订　河北翔驰润达印务有限公司
印刷委托书号　（宁）2500303

开　　本　710 mm×1000 mm　1/16
印　　张　13.5
字　　数　200千字
版　　次　2025年5月第1版
印　　次　2025年5月第1次印刷
书　　号　ISBN 978-7-5525-7706-8
定　　价　58.00元

前　言

苏州古城旧时称"吴郡"，自有文字记载以来已有4000多年的历史，建城也已有2500多年。苏州拥有13处全国重点文物保护单位、57处江苏省文物保护单位、178处苏州市文物保护单位、250处控制保护建筑群落。

关于苏州的最早记载是公元前514年。春秋时期，吴王阖闾继位，命大臣伍子胥在前任吴王诸樊所筑城邑的基础上扩建大城，名阖闾城，这是苏州建城的开始。

秦汉时期是苏州城的休整时期，因为改成郡县制，苏州被称为"吴县"，城池的规模有所扩大。三国时期，孙权据苏州十多年，自此开创了东吴基业。此后，苏州城出现了大量私家园林。

隋炀帝时期，南北大运河的修通使苏州成为东南沿海沟通内外的水路交通要冲，很快便成为航运中心以及粮食储存中心，城市的规模和经济都得到了快速发展。现在我们所看到的苏州城"水陆并行、河街相邻"的双棋盘格局、"三纵三横一环"的河道水系和"小桥流水、粉墙黛瓦、古迹名园"的建筑结构，也是在那个时候成型的。至唐代中叶，苏州"人稠过杨府，坊闹半长安"，已超过有"富庶甲天下"之称的扬州，一跃成为江南唯一的雄州，仅次于当时的都城长安（今陕西西安）。

宋元时期，苏州的发展逐步成熟，创办了众多学府。南宋时期，苏州成为全国的丝绸生产中心。众多上层人物慕名而来，并在此居住，建造各式园林，苏州园林也因此颇具规模。那时，苏州城内大大小小的园林有100多个，"上有天堂，下有苏杭"之誉不胫而走。明清时期，苏州成为全国经济、文化中心。

1840年鸦片战争后，苏州也与中国的其他城市一样，遭受浩劫。直到中华人民共和国成立，工业迅速发展，经济突飞猛进，文化教育得到发展，苏州又重现了往日辉煌。

优越的自然条件孕育了苏州温婉可人、秀美多姿的风光与气质。木雕、刺绣、园林、卵石街道、小运河，这些都成了苏州情调的标志。周庄、太湖、寒山寺、拙政园等地迷人的美景如同一颗颗珍珠，千百年过去依旧璀璨如新。昆曲的服饰、唱腔、动作独具风格，每一个细节都韵味十足。《带着文化游名城——老苏州记忆》会带你领略这里的人文风光，畅游这里的名人故居，品尝这里的特色美食。

无论你了解到的是什么样的苏州，这本书都会告诉你关于那些隐藏在老苏州城里的故事。

目　录

苏州的城门楼

❧ 苏州的街桥与地名 ❧

苏州的街桥

苏州的地名

◈ 苏州的山水与人文 ◈

苏州的山水园林

苏州的民俗与特色

苏州的婚丧嫁娶

苏州的美食与特产

苏州的美食

苏州的特产

苏州的名人故居

苏州的名人故居

附 录

开　篇

出行前的准备

一座城市的魅力，不只是它的山水风景、美食特产，还有它的民俗特色和厚重的文化底蕴。时间的沉淀，赋予一座城市深沉与淡然的气质。来到苏州，在欣赏精致绝美、温婉多变的水木园林时，你是否能想到这些园林背后的繁华时光？当你站在太湖之滨，欣赏苏州的山光水色时，是否会好奇这里曾经有过一段怎样的峥嵘岁月？每一条街道，每一座建筑，每一个名字，都有它的传奇故事。即便历经千年时光，也一路辗转跋涉，只为与你相遇。你定不甘心只做一个置身事外的旁观者、一个苏州的匆匆过客吧！那就让我们去了解苏州的文化，循着历史的印迹，与每一个故事邂逅，去探寻更美的苏州，也去探索更好的自己。

苏州的历史

苏州地处长江三角洲，位于江苏省东南部，约在公元前11世纪，当地的部族自号"勾吴"，苏州称"吴"也由此而来。苏州自有文字记载以来已有4000多年历史。公元前514年，苏州古城始建于吴王阖闾时期，因城西南有山名为"姑苏"，所以古城称为"姑苏城"。隋开皇九年（589），姑苏更名为苏州。历经百代交替，苏州城追随时代的脚步，不断发展和创新，特别致力于发展城市人文和漕运经济，遂以"上有天堂，下有苏杭"而驰名海内。秀丽典雅甲江南的苏州园林、小桥流水，无一不令人心驰神往。

如今的苏州已是一座现代化程度较高的中国旅游城市，也是江苏重要的对外贸易、工商业和物流以及文化、艺术、教育和交通中心。

苏州的特色

一座城市的特色就是这座城市的标志。这个标志可以是一座建筑、一位名人，也可以是一个传说、一碗美食。无论是什么，一想起它就会想到这座城市；一旦提起这座城市，就必然会提起它。这些东西，就是这座城市的特色和灵魂。那么作为江南水乡的代表，苏州又有什么样的标志呢？让我们一起来看一下。

【苏州四大园林】

◎ **拙政园**

位于苏州古城娄门内东北街178号的拙政园，是苏州园林中最大的，也是最著名的一座。拙政园始建于明代，第一位主人是王献臣。他在嘉靖、正德年间官居监察御史，晚年仕途不得意，罢官而归，买地造园，借《闲居赋》"拙者之为政"句意，取名为拙政园。拙政园不仅是苏州四大名园之一，也是全国四大名园之一。

◎ **狮子林**

位于城东北园林路23号的狮子林，是元代僧人天如禅师为纪念他的老师中峰神僧而创建的。狮子林拥有国内尚存最大的古代假山群。湖石假山众多，出神入化，形似狮子起舞，被誉为"假山王国"，有"桃源十八景"的美誉。

◎ **留园**

留园为中国四大名园之一，始建于明嘉靖年间。清乾隆末年被著名书画家、藏书家刘恕所得，扩建后改名寒碧山庄，时称"刘园"。光绪初年，官绅盛康买下此园，吸取苏州各园之长，重新扩建修葺，改名为"留园"。

◎ **沧浪亭**

沧浪亭是苏州最古老的园林，原为五代吴越广陵王的池馆。沧浪亭以清幽古朴见长，融园内的假山与园外的池水于一体，在假山与池水之间，隔着一条复廊，廊壁开有花窗，透过漏景，沟通内山外水。据说全园有108种花窗样式，图案花纹变化多端，设计精巧，是苏州园林花窗的典型。

【苏州太湖三白】

◎ 太湖银鱼

太湖银鱼身长二寸余，体长略圆，形如玉簪，似无骨无肠，细嫩透明，色泽似银，故称银鱼。银鱼原为海鱼，后在太湖繁衍，是太湖名贵特产。银鱼肉质细嫩，营养丰富，无鳞、无刺、无腥味，可烹制各种佳肴，深受国内外消费者的喜爱。银鱼是江苏传统外贸产品，太湖牌冷冻银鱼在国际上久负盛名。

◎ 太湖白鱼

太湖白鱼亦称"鲦"，因"头尾俱向上"而得名。白鱼体狭长侧扁，细骨细鳞，银光闪烁，是肉食性经济鱼类之一。目前尚未养殖，主要依靠天然捕捞。白鱼肉质细嫩，鳞下脂肪多，酷似鲥鱼，是太湖名贵鱼类。《吴郡志》中记载："白鱼出太湖者胜，民得采之，隋时入贡洛阳。"当时白鱼已作为贡品上贡皇家。白鱼大多在太湖敞水域中生长，以小鱼虾为食，是太湖自繁殖鱼类，一年四季均可捕获，在六七月生殖产卵期捕捞量最高。

◎ 太湖白虾

清代《太湖备考》中有"太湖白虾甲天下，熟时色仍洁白"的记载。白虾壳薄、肉嫩、味鲜美，是人们喜爱的水产品。用白虾做的"醉虾"，放在桌上虾还在蹦跳，吃在嘴里，细嫩异常，鲜美无比。白虾出肉率高，可加工成虾干。虾还可入药，酒后喝一碗虾米汤，顿觉肠胃舒适，有解毒的功效。

苏州最佳的旅游季节

苏州最佳的旅游季节在春秋两季。苏州属亚热带季风性气候，气候温和湿润，四季分明，尤以春秋最佳。随着季节变换，苏州园林的色彩也随之变化，并有相应的花卉展览。

另外，2月光福古镇的"香雪海"，梅花吐蕊，香气醉人。4—10月可以在太湖诸岛品尝鲜桃、杨梅、枇杷、糖藕、大闸蟹、腌笃鲜等美食。7月拙政园有荷花展，10月天平山有枫叶节，除夕夜寒山寺有撞钟活动。

来苏州需要了解的方言

苏州方言属吴方言。吴语，又称江东话、江南话、吴越语，是中国七大方言之一。从周朝演化至今已有3000多年的历史，使用人群分布在浙江、江苏南部、上海、安徽南部、江西东北部、福建北部等地区，使用人口约有1亿人，在汉语各大方言中使用人数仅次于北方方言。

苏州方言向来被视为吴方言的代表，其一大特点在于保留了全部的浊音声母，具有七种声调，保留了入声。在听觉上，苏州话语调平和而不失抑扬，语速适中而不失顿挫。在发音上较靠前靠上，这种发音方式有些低吟浅唱的感觉，较少铿锵，不易高声。在词汇方面，苏州话体现了浓浓的古意和一种书卷气。苏州人说"不"为"弗"，句子结尾的语气词不用"了"而用"哉"，喜读古文的人听了苏州话一定会有一种亲切感。

◎ **经典苏州话**

投五投六——没目标

愁头怪脑——没事瞎犯愁

屑屑嗦嗦——偷偷摸摸，嚼舌

野野哗哗——没边没沿

死样怪气——有气无力、装赖样

要死快哉——要死啦！这个还要解释？

搞七捻三——玩什么哩格楞

系系特算哉——死了算了

花里巴啦——花里胡哨

肉滋滋——肉乎乎

◎ **日常称谓**

父亲——爹爹（音同diaodiao）

父亲的父亲——阿爹（音同adiao）

父亲的母亲——阿婆（音同aofu）

父亲的哥哥——老伯伯（音同laibaba）

父亲的弟弟——叔叔（音同soso）

母亲——妈妈（音同maomao）

母亲的父亲——外公（音同nagong）

母亲的母亲——外婆（音同nafu）

母亲的哥哥或者弟弟——舅舅

母亲的姐姐或者妹妹——阿姨（音同ayi）

◎ **其他常用语**

鸭连连——鸭

鸡咕咕——鸡

猪噜噜——猪

牛哞哞——牛

羊咩咩——羊

发寒热——发烧

敌卫——特地

萨体——什么事

日不做夜磨嗦——该做时不做，拖到不该做时做

困思懵懂——犯困

白相——玩

苏州的历史与城门楼

历史学家顾颉刚曾说过："苏州城之古为全国第一，尚是春秋物。"这座已有2500多年漫长历史的古城，无论是建筑园林、丝织刺绣，还是剪纸雕刻、弹词昆曲，都是经时光的洗礼之后留给后世的瑰宝，让中华民族引以为傲。苏州古城的城门虽然不及皇城北京雍容华贵，也没有六朝古都南京那般宏伟，但千百年来沧桑变迁，为这座古城留下了绝美的传说和古朴的韵味。战争、灾害都没能让古老的苏州城没落，那一座座庄重雄伟的城门背后，镌刻着苏州城一路走来的辉煌与艰辛。洪武赶散、糯米筑墙、胥门传说、冷水盘门……无数故事在苏州演绎，等待着我们去发现、探寻。

苏州的历史文化

苏州的文明起源于何时

苏州这座独具魅力的古老城市有着悠久的文明史。现代考古发掘证明，早在一万多年以前的远古时期，苏州地区就已经有了人类活动。苏州地区的远古文明又被称为"先吴文化"，从苏州地区发现的众多远古遗址来看，先吴文化的发展脉络是马家浜文化—崧泽文化—良渚文化—马桥文化，它是源远流长的中华文明的古老源头之一。

先吴文明的兴起和发展，得益于得天独厚的自然环境。远古时期，长江中下游地区几经海陆变迁，泥沙逐渐堆积，形成了长江三角洲和太湖平原。这里地势平坦，湖泊棋布，河流纵横，土地十分肥沃。正是这样恰如天赐的地理环境，为早期人类的生存提供了天时地利的条件。

在距今一万多年以前的旧石器时代，先民们开始在这里生活、劳作。他们从依靠狩猎野生动物、捕捞鱼类和采集植物果实等，发展为以农业为主、渔猎采集为辅的定居生活方式。

距今五六千年以前，苏州的先民们开始筑起简陋的草舍，并开始种植水稻、桑树，饲养家畜，养蚕织布；撑着小船穿梭于江河湖汊之间捕鱼捉虾，逐步掌握了制作陶器、漆器和玉器的手工技巧，迈开了早期文明的步伐。

直至距今四五千年前的良渚文化阶段，苏州地区迎来了文明大发展的曙光。这一时期，苏州的农业已进入犁耕稻作的时代，手工业从农业中分离出来，并趋于专业化；工艺水平也已十分高超，其中琢玉工艺尤为发达。随着社会生产力的不断发展，良渚文化时期，包括苏州地区在内的整个太湖平原地区的社会制度也发生了激烈的变革，社会分化为不同的等级阶层。随着人们之间贵贱、上下、尊卑、亲疏等关系的成型，礼制随之出现，这时的人类已从荒蛮的史前时代踏入文明社会的门槛。

距今三四千年前后，地球回暖，海平面上升，世界进入洪水期。这时的太湖地区海侵不断，使太湖平原大部分沉沦汪洋之中，迫使良渚人迁徙他乡。在其后的一两千年中，包括苏州在内的江南地区发展陷于停顿甚至倒退状态，这与中原地区的持续发展形成了鲜明对比。这时的江南地区被称为"荆蛮之地"。

苏州吴文化的起源有哪些传说

历史的车轮行进到商朝晚期，中原地区姬姓周部逐渐崛起。相传，周太王古公亶父有三个贤能的儿子：长子泰伯、次子仲雍和末子季历。

季历与商朝贵族挚任氏通婚，其妻太任怀孕后，"眼不视恶色，耳不听淫声，口不出傲言"。随后她生下了一个异常聪明的孩子，取名为"昌"。姬昌逐渐长大，他身上的王者风范以及过人的聪明才智逐一显现，这令周太王对这个孙子刮目相看，认为"我世当有兴者，其在昌乎"。因此，周太王有意将王位传给聪明贤能的少子季历，再由季历传给其子昌。但按照传统，周太王的王位只能由嫡长子继承，而姬昌的父亲季历排行最末，没有资格继承王位，因此王位也就没有机会让姬昌来继承。

为了成全父亲的心愿，避免手足之争的祸害，贤明的长子泰伯和次

吴泰伯像

子仲雍决定退让。据传，当古公亶父生病的时候，泰伯和仲雍托词到衡山为父亲采药而一去不复返，这样季历才名正言顺地继承了王位。泰伯和仲雍二人结伴到江南一带。贤明盛德的两兄弟背井离乡，来到落后的"荆蛮之地"，但这丝毫没有影响他们在这里创下一片伟业的雄心。泰伯与仲雍分别定居于无锡梅里（今无锡梅村）和常熟虞山，并融入当地的生产生活中，同时将黄河流域先进的科学文化和生产经验传授给当地百姓，他们也因此受到当地民众的爱戴与尊敬。大家拥立泰伯为国王，建立了一个名为"句吴"的小国，这便是吴国之始。不久，古公亶父病逝，为了不违背氏族传统，他临终时希望季历让位给泰伯。然而，泰伯还是坚决推辞了，他说："我已改从吴人的习俗，'断发文身，为夷狄之服'，我已成受刑之人，再无资格当宗庙社稷之主了。"因为在周人的习俗中，只有遭刑罚的人才断发文身。不久后，季历被暗害，泰伯返回奔丧，群臣与其侄姬昌再次请求泰伯即位，泰伯仍然不受。这便是令孔子也大为赞颂的"泰伯三让"的故事，并尊他为"志让两家天下，功辟万古江南"的"至德圣人"。

泰伯奔吴，促进了吴地的文明开化，他带来的中原一带较为先进的生产技术，使江南一带逐渐发展起来，为开辟江南做出了不可磨灭的历史贡献，并且奠定了江南文明的基础。其后历代吴王都十分注重与中原地区的联系，促进了吴国与中原地区的经济文化交流，加速了吴国的发展繁荣。

伍子胥是如何规划建造苏州古城的

公元前514年，第二十四世吴王阖闾登上了吴国的王位。阖闾以"仁义"闻名，能任人唯贤，其中一位贤才便是伍子胥。

伍子胥本是楚国人，因其父兄皆被楚平王所杀，他一心想要为父兄报仇，便投奔了吴国。吴王阖闾看到伍子胥是个能文善武、有勇有谋的人才，便以礼相待，加以重用。

在与中原各诸侯国的较量中，阖闾深感吴国在地理上的劣势，为了改变吴国"险阻润湿，又有江海之害，君无守御，民无所依，仓库不设，田畴不垦"的状况，吴王便向伍子胥请教富国强兵之策。伍子胥道："吴国地处东南一隅，河流湖泊纵横，从军事角度来看，疆土缺少可供守御的堡垒，强敌一旦入侵，怎能抵御？因此，若想安居治民，必须要建筑一座规模宏大的城郭驻兵屯粮，才能使吴国安定强大。"吴王阖闾接受了伍子胥的建议，在太湖之滨修建了一座周长47里，有八座陆门、八座水门的大城，史称"阖闾大城"，也就是今天的苏州古城。

苏州古城

伍子胥建城的时候有一个神奇的传说。据说，伍子胥选择的这个地方乃龙穴之宝地，因此造阖闾大城时惊动了水中的龙王。当时，巨龙腾空，兴风作浪，以致暴雨连绵、水患四起，一时间搅得附近生灵涂炭、民不聊生，刚建好的城墙石基也被冲开了几个口子。然而伍子胥不畏孽龙之威，拔剑对峙，最终制服了这条巨龙，使阖闾大城得以顺利完工。

当然，传说终归只是传说，但是伍子胥为了建造阖闾大城确实进行了一番精心的设计和周密的测算，同时也消耗了巨大的财力和物力。《吴越春秋》记载，伍子胥提出了"相土尝水，象天法地"的原则，意思就是进行实地调查，考察土壤的性状、河泉水源以及流域分合等因素，进而选定城址。同时，将城的结构、位置与天象相呼应，"阴阳调和、四时顺理、两阳易时、寒暑应气"。

阖闾大城建成以后，吴国逐渐强大起来，苏州也逐渐成为太湖流域政治、经济和文化中心。从伍子胥建城到今天的2500多年间，苏州城虽历经沧桑，但其位置一直未曾改变，这在世界文明史上是不多见的。据统计，在我国与苏州同期建立的古城大约有140座，至今幸存的只有6座，而苏州古城是唯一一座仍处于原址之上没有迁移的古城，因此，苏州也称为我国古城中的"活化石"。

历史上苏州都有哪些别称

苏州在历史上曾经有众多别称。阖闾大城、吴城、吴都、吴墟、会稽、泰德、吴州、吴郡、姑苏、姑胥、平江、东楚、长洲苑、茂苑、隆平、元和、苏郡、金阊、苏城等，指的都是苏州城。

从商代末年泰伯奔吴伊始，这里便有"吴地"之称。泰伯建国，国号为"勾吴"。后吴王阖闾在此建造阖闾大城作为都城，因此这里也有吴城、吴都等称谓。自此，"吴"便成了苏州的代称。比如，苏州话称"吴语"，山歌称"吴歌"，画派有"吴门画派"，中医有"吴门医学"，等等。无论在史书、文章还是在诗词歌赋中，吴都、吴宫、吴苑、吴地等也都用来指代苏州。吴王阖闾又建有长洲苑和茂苑等园圃，因而"长洲"和"茂苑"也时常用来指代苏州。

后来，吴为越国所灭，此地成为"吴墟"。公元前221年，秦统一中国后在全国推行郡县制，分天下为三十六郡，吴地属会稽郡，郡治就在苏州，当时称为吴县。公元9年，王莽篡汉，改吴县为泰德县。王莽新朝覆灭后，复改泰德县为吴县。东汉顺帝时因会稽郡幅员辽阔，不便管理，遂将会稽郡拆分为吴郡和会稽郡，吴县成为吴郡的郡治。因此，在许多古诗文中，吴县和吴郡都用来代指苏州。

778年，唐朝设苏州为江南唯一的"雄州"（唐制州分七等，"雄州"为二等），从此，苏州的名称固定了下来。之所以叫苏州，据说是因城西的姑苏山而得名。姑苏山之名则是源于吴王在山上所筑的姑苏台，"姑苏"一名也成为苏州最常用的别称之一。唐代诗人张继的一句"姑苏城外寒山寺，夜半钟声到客船"，让姑苏城的名号响彻大江南北。

1113年，宋朝将苏州改称为"平江府"，有"平定江南"之意。因此，平江府和平江也被用来代指苏州。

此外，苏州的别称还有"金阊"，得名于阊门外上塘街普安桥附近的金阊亭。由于苏州城内河道纵横，又被称为"水都""水城""水乡"等。

在 13 世纪的《马可·波罗游记》中，苏州被赞誉为"东方威尼斯"，法国启蒙思想家孟德斯鸠则称赞苏州古城为"鬼斧神工"的杰作。

历史上有哪些政权曾把苏州作为都城

提起中国的几大古都，也许很多人都耳熟能详，但是，你可知道，苏州其实也是一座历史悠久的古都，而且是"六朝古都"呢？

上文中说道，商代末年泰伯奔吴，将都城建在今天的无锡梅里这个地方。公元前514年，吴王阖闾命伍子胥将苏州建成与春秋各诸侯大国相仿、具有相当规模的都城，也就是阖闾大城。这是苏州历史上第一次成为一个政权的都城所在，此后，苏州的政治地位开始逐渐凸显。苏州作为吴国国都长达 110 年左右，如今苏州的很多地方仍能找到当时的痕迹。

张士诚雕像

吴国被越国所灭后，苏州成为越国的国都，五年后，迁都琅琊（今山东胶南）。不过，后来由于国势衰退以及宫廷内乱，到公元前379年时，越国又将都城迁回苏州。

公元前247年，楚国国相黄歇被封为春申君，受封于吴，于是苏州便成为春申君父子的封君属地，广义上可视为区域性都邑。据说黄歇在苏州时，修缮城池，在吴国旧都基础上大治宫室，同时又精于治水，以土掩水筑偃塘，苏州便有了黄埭一地。春申君黄歇亦是苏州城隍庙内供奉的城隍神之一。

194 年，东汉长沙太守孙坚之子孙策割据江东五郡，虽然没有皇帝的名分，却已形成独立的政权，苏州是这一政权的都城。后来，其弟孙权建立吴国（东吴），定都建业（今南京），苏州一直是孙氏政权的后方基地。

　　1353年，盐丁张士诚不甘受元朝官府和地方豪强的欺压，率亲弟等18人起兵抗元。1356年攻占苏州后，他以苏州为根据地，改平江府为隆平府，宣布建立大周政权，改号天佑，定都苏州，但不久后降元。

　　历史上的苏州，虽未成为大一统王朝的都城，但被一些地方势力或政权作为都邑或陪都，可见其在江南一带所处的重要经济和军事地位，这些政权也为苏州的经济发展和吴文化的传承起到了重要的推动作用。

为什么说苏州是一座"双遗产"城市

　　苏州是同时拥有"世界文化遗产"和"世界非物质文化遗产"的城市，是名副其实的"双遗产"城市。

苏州园林

　　星罗棋布的古典园林是苏州重要的文化名片之一。1997年12月，联合国教科文组织第21届世界遗产委员会会议通过，以拙政园、留园、网师园、环秀山庄为代表的苏州古典园林被列入世界文化遗产名录。2000年11月，在第24届世界遗产委员会会议上，沧浪亭、狮子林、艺圃、耦园及退思园作为苏州古典园林扩展项目被列入世界文化遗产名录。世界遗产委员会这样评价苏州园林："没有哪座园林比历史文化名城苏州的园林更能体现中国古典园林的理想品质。咫尺之内再造乾坤，苏州园林被公认是实现这一设计思想的典范。它以精雕细琢的设计，折射出中国文化中取法自然又超越自然的深邃意境。"与此同时，苏州园林的历史环境、街区和水系等也受到世界遗产委员会的高度关注。

　　苏州是一座建在运河上的城市，运河水呵护着这座古老的城市，也滋养着祖祖辈辈生活在这座城市里的人们。2014年6月22日，中国大运河在第38届世界遗产大会上获准列入世界遗产名录。苏州的运河遗产包括五条运河故道和七个点段。其中，五条运河故道为山塘河、上塘河、胥江、平江河、环古城护城河；七个点段分别为山塘历史文化街区、虎丘云岩寺塔、平江历史文化街区、全晋会馆、盘门、宝带桥、吴江运河古纤道。至此，苏州形成了以古城为核心的完整的世界文化遗产体系，苏州也成了国内拥有世界文化遗产单体最多的城市。

同时，苏州还拥有六项世界非物质文化遗产，它们分别是昆曲、古琴、端午习俗、宋锦、缂丝以及香山帮传统建筑营造技艺。这些非物质文化遗产，都是勤劳的苏州人民在悠久的生产、生活实践中创造出来的丰富多彩的城市构成要素，是人们精神家园不可或缺的根基所在，因而同样是这个古老城市不可分割的重要部分。

苏州的城市中轴线在哪儿

城市中轴线是一个城市功能、景观与发展的轴线，是这座城市的"主动脉"。无一例外，每一座城市都有一条中轴线。那么，苏州的中轴线在哪儿呢？

若论2500多年历史的苏州古城，也就是古城墙内的苏州城，那么它的中轴线自然是位于其正中央的"卧龙街"。由这条卧龙街向古城墙外延伸，形成了一条贯穿苏州城南北的大路，就是今天的人民路。人民路全长4公里多，在宋代称为"大街"。由于步行走完这条街要花很长时间，因此，苏州便有"走煞卧龙街"的俗语。

古时候，苏州人认为这条古街是条龙脉，文庙是这条龙的龙首，北寺塔则是它的尾巴。站在北寺塔上望下去，这条路弯弯曲曲像是条俯卧的巨龙，卧龙街因此得名。不过，当年这"卧龙"的名头还差点惹了大麻烦。据说，明朝开国的时候，朱元璋平定苏州回到南京，心里却一直惴惴不安。原来，他听说了苏州的这条卧龙街。既然名为卧龙街，怕是哪天这里会出个"真龙天子"，夺了他的天下。朱元璋为此耿耿于怀，于是命军师刘伯温前去调查。经过一番调查，刘伯温告诉朱元璋可以放心，说这里不会出现"真龙天子"，原因是这条龙的龙首镇有文庙，龙尾又有一座塔压着，因此，这是一条不会动的龙，也就不会出现什么"真龙天子"了。朱元璋闻听后安心了。

然而，到了清朝乾隆时期，这条卧龙街又一次差一点引火烧身。据说乾隆皇帝南巡至苏州城，见这条街人头攒动、热闹非凡，便询问这条街的名字，当听说这条街叫卧龙街时，乾隆皇帝脸色大变，说道："龙就是皇帝，难道是让皇帝躺在地上，任你们苏州千人踩、万人踏吗？"一旁的苏州知府灵机一动，赶忙上前说："皇上您听错了，这条街叫'护龙街'，是苏州百姓想要保护您的意思。"乾隆皇帝一听非常高兴，从此卧龙街便有了"护龙街"这个称号。

在这卧龙街上，北起书院巷口、南至沧浪亭街的这一路段，以前被称作三元坊。这个三元坊是怎么来的呢？原来，这里有一座三元坊牌坊，是乾隆四十六年（1781）苏州人为"连中三元"的钱棨建的纪念牌坊，所谓的"连中三元"，就是连中"解元""会元"和"状元"。钱棨是清代第一位"连中三元"的人。久而久之，人们便称这一段路为三元坊，不过三元坊仍然是卧龙街的一部分。

在城市卫生条件相对落后的时期，这条街在每日晨起时分沿街都会被成排的马桶占领，因此也被谑称为"马桶街"。1951年，卧龙街改名为"人民路"。

如今的人民路，被誉为苏州第一路，它是一条承载着苏州千年历史文化与现代城市文明的主干道，历史与现代在这里交相辉映。人民路由北至南贯穿苏州火车站、观前、南门、水香以及吴中等繁华商圈。道路两边的古建筑有南门、平门、沧浪亭、三元坊、文庙、饮马桥、接驾桥等。可以说，人民路不仅是苏州的交通轴线，更是苏州的文化长廊以及景观大道。

1960年的人民路

它集中展示了苏州的盛世风华，也主宰着主城区的城市脉络，成为苏州城今日繁华胜景中必不可少的人文奇葩。

苏州的市花是什么

一朵米粒大小的花，却能香透一座古城，这便是苏州的桂花。

桂花，系木樨科常绿灌木或小乔木。它的枝干质坚皮薄，叶为长椭圆形，冬季常绿不凋。其园艺品种繁多，有金桂、银桂、丹桂、月桂等。

桂花因其叶脉形如"圭"字而得名，据宋代诗人范成大的《桂海虞衡志》记载："凡木叶心皆一纵理，独桂有两道如圭形，故字从圭。"桂花之名由此而来。

桂花是中国十大传统名花之一，自古以来深受人们的喜爱。我国栽种桂花的历史十分悠久，早在春秋战国时期的典籍里就有桂花的记载。《山海经·南

桂花

山经》中有"招摇之山……多桂"的记载。屈原在《九歌》中吟道："援北斗兮酌桂浆""辛夷车兮结桂旗。"可见当时的楚国人已经在酿酒等方面广泛利用桂花了。《吕氏春秋》中称赞桂花为"物之美者，招摇之桂"。由此可见，在古人的心目中桂花已成为美的化身，成为备受崇尚的花木之一。

汉代以后，桂花的观赏价值逐渐显现，人们开始引种驯化野生的桂花，使之应用于园林建设。唐宋时期，桂花已经从宫廷园林传播到民间庭院，于是咏桂吟桂也蔚然成风。人们赋予桂花许多美好的寓意。

桂花绿叶常青，不与百花争春，却在秋季香冠群芳。因此，古往今来的文人骚客总用桂花比喻清雅高洁、超凡脱俗的品性。唐张九龄赞美桂花："兰叶春葳蕤，桂华秋皎洁。"李白在《咏桂》一诗中说："安知南山桂，绿叶垂芳根。清阴亦可托，何惜树君园。"李清照赞美桂花："何

须浅碧深红色，自是花中第一流。"

桂花清香远溢，因此被人们称为十里香。"共道幽香闻十里，绝知芳誉亘千乡""清芬一日来天阙，世上龙涎不敢香"等诗句都是对桂花之香的描写。

桂花飘香之际正是中秋佳节之时，因此农历八月，古时称为桂月，而桂花与月亮自古便联系在一起，吴刚伐桂的神话更是被人们演绎传颂。李商隐有"昨夜西池凉露满，桂花吹断月中香"的诗句，杨万里有"不是人间种，移从月中来。广寒香一点，吹得满山开"的诗句。毛主席在《蝶恋花》中有"问讯吴刚何所有，吴刚捧出桂花酒"的名句。

在我国古代，桂花还是荣誉的象征。古代的乡试、会试一般都在农历八月间举行。其时正值桂花盛开，人们便用桂花来赞誉秋试及第者，称登科为"折桂"或"蟾宫折桂"。桂花也是地位和财富的象征，人们将之作为友好之物互相赠送，以表达祝愿和吉祥。

除此之外，桂花终年常绿，枝繁叶茂，秋季盛开，是集绿化、美化、香化于一体的观赏与实用兼备的优良园林树种，在我国古典园林中的种植十分普遍。在享誉中外的苏州园林中，桂花常与建筑、山、石搭配，植于亭、台、楼、阁附近，可成丛成林，亦可孤植、对植。在传统的苏州园林艺术中，对植的桂树称为"双桂当庭""双桂留芳"；植于窗前有"金风送香"之意，植于书院则有"蟾宫折桂"之意。正因如此，桂花便成为苏州的市花。

苏州的城门楼

不断变化的苏州内城墙有哪些

苏州内城墙历经了千百载的风霜雨雪，几次毁坏，几次修筑，变换的不仅是城墙的样子，还有各个时期的材质用料。

苏州的内城墙修筑于公元前514年，阖闾大城外47里处，共有水陆城门八座，分别是阊门、胥门、盘门、蛇门、娄门、相门、平门和齐门。那时的城墙是用泥土筑造而成的，当时的制造工艺被称作"版筑"，也就是《孟子》中提到过的"傅说举于版筑之间"。修筑过程是先在量好厚度的城墙两侧各立一排木板，中间堆上一层土，用重物把土夯实。然后再堆一层土，再夯实，如此反复直至筑到事先设计好的高度。古时候的泥墙房子也是用这样的方法建造的。只可惜秦始皇统一六国后，为了加强统治，下令拆除郡县城墙，销毁民间的兵器，苏州城墙也在那时遭到拆除，直到汉代才被重新修复。

随着隋唐时期火药的发明，土城墙已经难以抵御敌人的进攻。五代时期的后梁龙德二年（922），驻守苏州的吴越王钱镠第六子钱元璙决定重新修筑苏州城墙，将土城墙建成高二丈四尺、厚二丈五尺、内外有护城河的砖墙。在修筑砖墙的时候，钱元璙还将苏州城墙部分区域设计得凹凸有致，富于变化，使原本一成不变的古板城墙变得颇具地方特色。

南宋建炎四年（1130）二月，金兀术率兵进犯平江（今苏州），从盘门攻入城中，烧杀抢掠整整五日。自此之后，苏州的城墙历经多位知府重新修复，直到南宋绍定二年（1229），才恢复原来的模样。宝祐二年（1254），苏州知府赵汝历在苏州城墙上增设了一种连续凹凸的齿形矮墙，也就是"女墙"。女墙上有瞭望孔，若敌人来犯，女墙既可以掩护守城士兵，也可以观察敌方动态。

南宋德祐元年（1275），元军进犯苏州城。元朝建立后下令拆除各地的城墙，苏州城墙又一次被拆除。元朝末期，各地起兵反元，这让元朝统治者意识到城墙作为防御设施的重要性，于是下令重新修建城墙，苏州城墙因此得以恢复，并进行了加厚处理。后来，张士诚占据苏州的时候，在各城门口设置了一种向外凸出的呈半圆形或方形的建筑，上面设有箭楼、门闸、雉堞等防御设施，称为"瓮城"。一旦确认敌人进入，城门和瓮城门闸就会一同放下，敌人就成为瓮中之鳖，守城的将士可以不费吹灰之力消灭他们。

苏州八座城门楼的名字是怎么来的

旧时的苏州城共有水陆城门八座，据《吴地记》记载："陆门八，以象天之八风，水门八，以象地之八卦。"东有娄门、相门；西有阊门、胥门；南有盘门、蛇门；北有齐门、平门。据说这八门的名字都是伍子胥取的。

阊门位于城西，对应八风中的阊阖风。阊阖是传说中的天门，将西门命名为"阊门"是为了取"天通阊阖风"之意，也表明攻打位于西边的楚国，乃是天意。而且为了连通阊阖之气，伍子胥特意将阊门建成高大巍峨的楼阁状。果然，后来伍子胥率军从此门出征楚

苏州老城门

国，不久便得胜归来，于是百姓又将阊门称为"破楚门"。

古时，越国与吴国在地域、文化等方面十分相近，但有世仇，代代不睦。盘门原叫"蟠门"，蟠者，神龙也。后来，因为此处水路迂回曲折，遂改称"盘门"。"盘门"和"蛇门"一样用的是十二生肖的方位。吴国地处"辰"位，在城南设立蟠门，城门上悬挂的木刻蟠龙面向越国，象征着吴国征服越国。越国的方位是"巳"位，也就是蛇位，所以蛇门也悬挂着一条象征越国的木蛇：蛇头朝向西北，象征越国臣服和觐见吴国。

吴国北面的敌国是齐国，所以在城北设立齐门，寓意要征服齐国。在齐门旁边设立平门，表示平定齐国的决心。相传，公元前505年，吴王派伍子胥挥师北上，讨伐齐国。伍子胥从平门出征，凯旋时又从平门入城。

东面的相门为水上交通要道，曾是各种能工巧匠聚居之地，称为"匠门""干将门"，后来讹音为"相门"。娄门原叫"缪门"。《吴地记》记载："娄门本号缪门，东南秦时有古缪县，至汉王莽改为娄县。"于是，缪门改为"娄门"。

胥门原叫"西门""姑胥门"，因面向姑胥山而得名。后来有一种说法是吴王夫差不听伍子胥的忠告，并赐剑令伍子胥自刎，还将其遗体抛入西门外的江水之中。城内百姓同情伍子胥的遭遇，便将西门称为"胥门"，以示怀念。

苏州人说的"糯米筑墙"是怎么回事

在苏州一直流传着伍子胥"糯米筑城墙"的故事，千百年来，朝代更迭，世事变迁，可这一传说却一直被人们津津乐道，经久不绝。

作为最早的苏州城墙的设计者，伍子胥不仅在城门的命名上特别注意，还在建筑工程中暗藏玄机。相传，伍子胥帮助阖闾建成城墙后，阖闾十分高兴，摆盛宴与群臣们纵情享乐。席间阖闾和大臣们都认为如今有了坚固的城墙和深广的护城河，便可以无所畏惧了。这些坚实的防御设施足以让吴国千秋万代，高枕无忧。听到这些言论，伍子胥却感到十分忧虑。他想到如果敌人对城池围而不攻，吴国迟早有炊断粮绝的一天，到时候只有死路一条。于是他嘱咐身边的人，如果今后真的炊断粮绝，可以去相门城墙处，向下挖掘三尺便可解一时之需。后来，伍子胥被逼自尽身亡，越国举兵伐吴，把吴国的都城围得水泄不通。时间一长，不仅吴国军队的粮食得不到补充，就连城中百姓也濒临饿死。这时，有人想起了伍子胥生前说过的话，一队人连忙赶到相门城墙下掘地三尺，结果惊讶地发现，城墙的根基处竟是用糯米粉做的方糕砌成。于是，大家赶紧把方糕挖掘出来食用，这才逃过一场浩劫。

伍子胥真的是用糯米糕作为城墙的根基吗？仔细想想就会知道，这是不合常理的。古人在筑墙或建墓时，会将糯米和石灰搅拌混合为黏合剂，而伍子胥对于苏州百姓来说如守护神，所以在传说中加以神化。后来，每到冬至，苏州人就会准备糯米糕，一是表示对伍子胥的怀念，二是亲朋好友难得相聚，要一起分享美食。这种糯米糕又叫"年糕"，因为它风干不裂，久煮不烂，久藏不坏，非常适合馈赠亲朋好友，所以一向是苏州最受欢迎的特产之一。

值得一提的是，相王路中段有一座香火鼎盛的赤阑相王庙，始建于唐代，当地人称为"相王庙"。据说里面供奉的神就是伍子胥，因为他曾做过吴国的相，死后被人们尊为王，当地百姓为了纪念他建造苏州城的功绩，就筹资盖了这座"相王庙"。

历史上苏州城到底有多少座城门

我们熟知的苏州城有八座城门，随着历史的变迁，苏州城的城门也不是一成不变的，有记载的城门共有12座。

最早的城门应该是前面提到的那八座，后来又在东面增设了葑门。葑门是因封禺山而得名，后来因为当地方言经常把"封"说成"葑"，而葑门周围又有很多水塘，里面盛产"葑"，也就是茭白，于是便改为葑门。据说，越国派兵攻打吴国的时候，因为阖闾大城建造得十分坚固，越国军队久攻不下，却又不能撤兵，一时间双方僵持在那里。后来，伍子胥托梦给越国将领，告诉他们可以从大城的东面攻入城中。于是，越国军队就从东面通过水路发起进攻，果然顺利攻下阖闾大城。据说，当时越国军队便是从东面的葑门攻入的。

苏州城曾经还有过一座城门，名叫"赤门"。可惜这座城门寿命短暂，并未在历史的书卷上留下多少记载，如今只有古城东南角有个叫"赤门坛"的地名，似是证明那里还曾经存在过一座城门。

民国时期，苏州城新设立了金门和南门。这个金门又被称为"新阊门"，距伍子胥所建的"老阊门"大概300米。在苏州手工业较为鼎盛的明清时期，阊门商船来往频繁，商户林立，许多商人和百姓都在这里采购和赶集。后来，为了交通需要增设了金门。即便是现在，每到农历四月十四日吕洞宾的生辰，苏州城内都会举办一年一度的"轧神仙"庙会。届时，与阊门相邻的石路南浩街便会成为这一天最繁华热闹的街道，道路两旁的摊位商品琳琅满目，游客们摩肩接踵，相互拥挤"推搡"，以求能轧到仙气。

至于南门，《吴越春秋》曾有记述："小城南门上反羽为鲩鳙，以象龙角。越在巳地，其位蛇也，故南大门上有木蛇，北向首内，示越属于吴也。"除此之外，再无迹可寻。

苏州的"阊门"是鲁班建造的吗

苏州的城门中，阊门可谓历史最悠久、史料记载最多、民间传说最多的城门。西晋文学家陆机在《吴趋行》中写道："吴趋自有史，请从阊门起。""吴趋"指的便是苏州。可见阊门对于见证苏州城的历史变迁有着重要的意义。

鲁班

史料记载，阖闾大城由伍子胥所筑，那么阊门按理来说应该也是伍子胥设计建造的。可是，根据北宋苏州人朱长文编写的《吴郡图经续记》中记载："或云鲁匠般所制也。""图经"是中国古代一种较为古老的地方志，通常也被视作一种较为严肃的地方文献，最早可追溯到东汉。如此来看，《吴郡图经续记》所记录的内容可信度应该还是很高的。书中提到的"鲁匠般"指的就是土木工匠的祖师爷——鲁班。鲁班本不姓"鲁"，他复姓公输，名般，又称公输子、班输等，为鲁国人。古时"般"和"班"同音，可以通用，所以人们常叫他鲁班。"或云鲁匠般所制也"这句话翻译过来就是"有人说阊门是由鲁班建造的"。

阊门不仅外观高大雄伟，而且结构也设计得独具匠心，十分精巧，水门连接着陆门，层次清晰紧密，非得有丰富的实践经验和高超技艺的大师才可完成。如此看来，关于鲁班设计建造阊门的这一说法，确实十分可信。但从时间上推算，这一说法有明显的错误。阖闾大城是在公元前514年建成的，7年之后，也就是公元前507年鲁班才出生。很明显，鲁班无缘参与阖闾大城的设计，更不可能建造阊门。

可是，《吴郡图经续记》中记载若不虚，时间又对不上，那到底是怎么一回事呢？后来有人分析，"或云鲁匠般所制也"的记载可能有两个原因：一是鲁班参与过阊门的修建，不过是在阊门被毁坏而需要修缮或改造时，并不是一开始的建造；二是鲁班并未参与，只是建造阊门的工匠技艺高超，让人叹服，于是后人写书时就用"鲁班"来称赞。只是时代久远，繁华已逝，很多事情都已经无从考证，但这些传说依然流传。

苏州阊门外葬着哪两名刺客

在苏州阊门一带有两个很有名气的刺客墓：一个叫专诸，一个叫要离。

专诸是吴国棠邑人，生得虎背熊腰，英武有力，怒时有万夫莫挡之气势，后经伍子胥推荐给吴国公子光。公子光对堂弟吴王僚继承王位很是不满，所以他秘密地养着一些有才能的人，以便日后夺取王位时派上些用场。

公元前515年四月，公子光终于有了刺杀吴王僚的时机，便设宴邀请吴王僚。吴王僚向来谨慎，身边守卫森严，护卫从王宫一直排到公子光的家。房门、台阶两旁都是吴王僚的亲信，个个都举着长矛。公子光将特制的鱼肠剑藏于鱼腹之中，并在地下室埋伏了身穿铠甲的武士。待到吴王僚喝酒喝到畅快的时候，公子光假装脚疼，进入地下室，让专诸将熟鱼进献给吴王僚。专诸跪在吴王僚跟前，掰开烤鱼，抽出匕首刺杀了吴王僚，专诸也被侍卫乱剑杀死。公子光趁机发动早已埋伏好的武士，迅速消灭了吴王僚的部下。吴王僚死后，公子光自立为国君，就是后来有名的吴王阖闾。阖闾即位之后封专诸之子专毅为上卿，并遵循专诸遗愿，将其厚葬在泰伯墓旁。但也有传言称，他的墓在阊门东南侧的专诸巷里。

阖闾杀了吴王僚，登基为王，但吴王僚的儿子、有着吴国第一勇士之称的庆忌逃过一劫。吴王僚遇刺时，庆忌不在吴国。当时他正联合郑、卫两国的军队，准备攻打楚国，谁知在中途听闻父亲被杀，于是便一路逃到艾城，联结邻国，招纳死士，等待时机为父报仇。

为了除掉庆忌这个心腹大患，伍子胥为阖闾推荐了刺客要离。要离其貌不扬，身材矮小，但足智多谋，是有名的击剑高手。经过一番谋划，要离为阖闾设计了一个苦肉计。两人在大殿上比剑，要离用竹剑刺伤阖闾的手腕，阖闾发怒，砍下要离的右臂，把他打入天牢。要离越狱逃亡，阖闾更加恼怒，下令杀其妻儿，弃尸于市。如此，要离便和阖闾有了深仇大恨，要离逃至卫国投奔庆忌。庆忌听了要离的遭遇，深信不疑，将其收为亲信，委以重任。庆忌出征吴国，与要离同乘一条战船。要离趁庆忌在船头畅饮时，用短矛刺杀庆忌。庆忌在遭到重击之下，仍能倒提要离在水中浸了三次。不过，庆忌没有杀要离，他欣赏要离的胆识和气魄，让护从放了要离，而他因失血过多而死。要离回国后，心中愧疚，在阖闾面前自断手足，伏剑而死。后被阖闾葬于专诸墓旁。

传说中"洪武赶散"留下的"生门"是哪座

在苏州，有一个关于阊门的有趣传说。

明朝初年，发生了"洪武赶散"事件。事件的起因是朱元璋当上皇帝之后，这一年的正月十五，苏州城的花灯图案是一个牧童骑在老水牛的背上，怀里抱着一个大西瓜。向来敏感多疑的朱元璋知道后十分恼火，因为他年轻时曾偷过牛，为了生计当过和尚。在他眼里，光溜溜的西瓜象征着光秃秃的头顶，加上苏州百姓有不少人很怀念张士诚当政时的功绩，所以他认为苏州人在用这种方式嘲讽他的出身和不光彩的过去。于是，朱元璋命令刘伯温带三千兵马到

洪武赶散

苏州城，杀光城里的所有人。刘伯温不忍杀害无辜的百姓，请求朱元璋能留下一座城门的百姓，不至于让苏州城变为空城。朱元璋不愿意接受这个请求，但又不能让人感觉做得太绝，便说哪座城门的人少就留哪座门。刘伯温说阊门久经战乱，人口最少。于是，朱元璋就答应留下阊门的居民。随后，刘伯温立即派人赶到苏州城，偷偷告诉全城的居民，让大家连夜搬到阊门，以免遭到杀戮。一时间，阊门一带变得相当拥挤，都容纳不下了，老百姓又不敢回家，只能拖家带口逃到苏北等地。有人问起他们的祖籍，他们也不敢说是苏州其他城门的，只说是阊门的。

当然这只是个传说，事实上，朱元璋在建立大明王朝后，为加强皇权统治、发展经济、缓和矛盾，把人口较为密集的苏州等地的居民，迁至因战乱而人口锐减的苏北等地区。如今苏北的扬州、淮安、盐城等地区，有70%左右的居民都说祖上是因"洪武赶散"才迁到苏北的，祖籍应是苏州阊门。

想来阊门之所以有"生门"的传说，大概是因为阊门邻近京杭运河，方便交通。"洪武赶散"时，移民们很有可能是在阊门一带集合，编队前往迁徙地。如此，阊门便成了移民关于故乡最后的记忆。后来说起自己

的祖籍时，也就不说其他地方而说是阊门了。

苏州"胥门"是否因伍子胥而得名

苏州城的西面除了阊门，还有胥门，世人说胥门是因伍子胥而得名的，事实真的如此吗？

据唐朝时期编撰的《吴地记》记载，胥门一带是伍子胥的住宅所在地，便因此得名。其中"石碑见存"表明，胥门因伍宅得名的石碑还保存着。胥门的西北有个伍子胥纪念园，里面矗立着一座高大的伍子胥雕像，记录了当年伍子胥

伍子胥雕像

不辞辛劳，率领众人"相土尝水、象天法地"，筑成周长47里的大城和周长10里的内城的故事。传说当年吴王夫差听信谗言，不仅不听伍子胥的劝谏，还逼他自尽。伍子胥嘱咐他人在他死后，将他的头颅悬挂在城门上，要看着越国大军攻进王城。苏州百姓为了纪念伍子胥，便把这座城门叫作胥门。

如果真的是这样，那么在建造阖闾大城时就确定叫"胥门"了，还是后来又改过名字？毕竟这座城门在建城时就有了。仔细一想，似乎因纪念伍子胥而命名的这个说法尚存疑点。

除此之外，《吴郡志》记述："胥门巢、王子姑曹、展如，皆吴王夫差臣。哀公十一年，巢将上军，姑曹将下军，展如将右军，战于艾陵，大败齐师。"吴王为了表彰胥门巢的功绩，就以他的姓氏命名了这座城门。这一说法只是推测，并无佐证，因此可信度也不高。

不过近些年史学家们根据可靠的资料推测，应该是胥门正对苏州城外的姑胥山，所以就被称为姑胥门，简称"胥门"。相传姑胥这一词起源于尧舜时期，舜时有一个大臣名为胥，因辅佐大禹治水立下不世之

功，受封吴地。自此之后，吴中地区又被后世叫作"故胥"，谐音为"姑胥""姑苏"，沿用至今。

瓮城的城门为什么要向南开

瓮城是中国古代城市的一种防御设施，即在城门外修建一个半圆形或方形的护门小城作为城墙的一部分。瓮城的两侧与城墙连在一起，城门上设有箭楼、门闸等设施，可在敌军进入瓮城城门后，放下门闸，将敌军困住，从而尽数消灭。为防止攻城锤等武器的直接进攻，瓮城城门通常与所保护的城门不在同一条直线上。

胥门原本也是建有瓮城的，只是抗战时期，胥门瓮城被日伪军拆除，拆下来的砖石用于建造"新胥门"。如今城门西面只剩下一段一米来高的矮墙，那应该就是瓮城的遗址。据当地老苏州人回忆，胥门瓮城的大门只朝南开。这样的话，如果从西北面的万年桥进出胥门，就必须兜转绕远，十分不方便。可是即便如此，当初在设计时仍然选择将城门朝向南面，而不选择向西或者向北开，这是为什么呢？

瓮城

根据胥门瓮城的遗址考证，瓮城如果朝南开门，敌军很难看清瓮城内部，有利于城中设伏，从而更好地起到防御的作用。

胥门"姑苏馆"指的是什么

南宋时，在胥门附近出现了一处名为"姑苏馆"的繁华之所。《吴郡志》记载："姑苏馆在盘门里河西城下，绍兴十四年郡守王唤建，体势宏丽，为浙西客馆之最，中分为二，曰南馆、北馆。绍兴间始与虏通和，使者岁再往来，此馆专以奉国信，贵客经由，亦假以舣船。登城西望，吴山皆在指顾间，故又作台于城上，以姑苏名之：虽非故处，因馆而名，亦以存旧事也，制度尤瑰特，为吴中伟观。此台正据古胥门，门迹犹存。"文中提到的王唤是秦桧的小舅子，曾任苏州知府，任职期间主持重建或修葺了一大批建筑，其中就包括姑苏馆。

建炎三年（1129），金兀术率金兵南犯中原，并于次年二月二十六日攻入苏州城，大肆烧杀抢掠。建炎四年（1130）三月初一，金兵焚城后由阊门离去。苏州因此浩劫人口大减，城中房屋等建筑设施也遭到毁灭性的破坏。在此之后，苏州历任知府或因人力财力匮乏，或因个人能力有限或任期短暂，未能有效重建，只能将官署衙门略做修缮以便办公，面对满城的废墟却束手无策。因战乱四处流窜的苏州民众，在回城之后也只能搭建简陋的草棚栖居。

王唤是自请到苏州任职的，他正是因为知道苏州变成了什么样子才一定要来这里。因为秦桧是议和派，与抗金名将岳飞对立，后来还以莫须有的罪名害死了岳飞父子，所以世人在愤恨秦桧的同时，对他的这位小舅子也没有什么好感。但其实，他是相当有才干的，在任期间政绩卓著，特别是在苏州城最为惨淡破败的岁月里，他的出现让苏州城恢复了往日的生机。

王唤用一年多的时间休养生息，然后在胥门内大兴土木，建造了南北两座国宾馆，统一命名为"姑苏馆"，并在胥门城上筑起高台，称为"姑苏台"。在姑苏台的东面修建了一座名为"百花洲"的花园，用来进行政事活动。花园内有巧夺天工的假山盆景，还有各色的奇花异卉争相斗艳。一年四季百花不断，芳香满园。在百花洲的东面设有"射圃"，用来射箭娱乐，还可以猜谜射虎。王唤还对文庙、学府以及府署进行大规模整修扩建，主持重建或修葺了齐云楼、西楼、西斋、四照亭等园林建筑。经过这番整顿修葺，由北方向南方迁徙的大户人家都选择到苏州城内安家，并在此经商置业，苏州重现了生机。

胥门一带曾有个"耕牛养老院"吗

清朝时，胥门一带发生过很多事，有传奇的，有温情的。

康熙年间，江苏巡抚汤斌上疏请求减免苏州百姓税负，并铲除贻害多年的上方山五通神，不仅拆毁五通神庙，还将五通神像扔进了太湖，并将那些借神聚众作恶的人一网打尽。人们为了纪念他为老百姓做出的贡献，特地在胥门附近立了"民不能忘"牌坊。还口口相传，说是上方山、石湖本是五通神的肉山酒海，有人曾在上方山挖到过一块石碑，上面刻着"肉山酒海，遇汤而败"的字样，传说是张三丰所写的预言。

除却这件充满了神话色彩的事件，胥门附近还发生过一件"神奇"的事，就是苏州特有的"耕牛养老院"。

"耕牛养老院"是当地人通俗的叫法，本名为"养牲局"，专门收养那些老弱病残的耕牛，为它们养老送终，这在苏州实在是一个创举。《吴门表隐》中记载："养牲局在胥门外枣市桥，嘉庆十七年绅士董如兰等呈请设立，捐养病牛。"养牲局开始设立在枣市桥畔，后来毁于太平天国运动。当时除了养牲局，枣市街上还有一座供奉南宋抗金名将韩世忠的韩蕲王庙，可惜和养牲局的命运一样，也在太平天国运动中被毁。同治年间，韩蕲王庙得以重建，养牲局则被附设在这座庙里。

除了设立养牲局，老苏州人也不吃牛肉。他们认为牛性格温驯，勤于劳作，是人类在农业生产方面的好帮手。即使它们已经垂垂老矣，也不能忘记它们的辛劳付出，不能吃它们的肉。苏州人对耕牛心存感激，在虎丘建造了马牛王庙，祭祀马神、牛神。庙里祭拜的牛神原型是牛郎织女故事里的那头老黄牛。

后来各地风俗文化互融，吃牛肉的习惯才慢慢传入苏州，苏帮菜里也才有了牛肉。不过即便是现在，老苏州人家里过年过节，或是重要宴请，仍然不喜欢上牛肉为食材的菜。

苏州人常说的"冷水盘门"是什么意思

在苏州，有个形容盘门的词叫"冷水盘门"，若是单从字面意思来讲，"冷水盘门"应该是指盘门的水城门下护城河水很深，阳光被遮挡，导致盘门附近的水温很低。如果再引申的话，就是指盘门一带门户凋零。直到20世纪80年代之前，这一带依然荒芜，十分凄凉。

奇怪的是，苏州城素来"二八城门开道路"。当年在设计建造陆门、水门时，都分别连接着陆路、水路，这些都是出入苏州城的要道，怎么可能破败凋零？到底是怎样的变故让蟠龙盘门变成了"冷水盘门"？

自南宋之后，盘门经历了几次兴衰，最后一蹶不振。

南宋初年，金兀术率兵南犯，从盘门进入苏州城，大肆烧杀抢掠。

冷水盘门

苏州经此浩劫人口大减，城中房屋等设施焚烧殆尽，盘门也跟着变得冷清。值得庆幸的是，有着"进入吴门第一桥"之称的吴门桥在当时已经搭建完毕，盘门在交通运输方面占据着绝对优势。所以，没过多久，盘门就重新兴旺起来。南宋诗人范成大曾用"人语嘲喧晚吹凉，万窗灯火转河塘"来描绘复兴后的盘门，足见当时的盘门已是繁华一片。元朝末年，张士诚率起义军在苏州称王。朱元璋派徐达等11位将领带大军围困苏州，由王弼作为先锋带兵进攻盘门。没多久城破兵败，张士诚自尽，盘门一带又遭到严重破坏。清末诗人袁学澜曾有诗句称："一树垂杨一画楼，盘门烟户本来稠。自从元末遭兵劫，寥落居民冷水流。"也许是自这之后，"冷水盘门"一词便在当地百姓中流传开来。

盘门的劫难远没有结束。清兵攻进苏州城的时候，盘门再次遭到洗劫。虽然苏州百姓奋起抵抗，但仍挡不住清兵铁骑。清军总兵土国宝带

冷水盘门

兵从盘门杀入，一直杀到饮马桥才罢手，本来有希望恢复市面的盘门自此一蹶不振。太平天国时期，盘门接连受创，至此彻底衰落，许多地方变成荒地或农田。

在没有被作为旅游景点开发之前，盘门的城门破旧，城墙坍塌，到处是杂草荒地和残垣断壁，用"冷水盘门"一词来形容这幅凄凉景象，也不算夸张。

苏州的街桥与地名

在很多人眼里，苏州应该是自然与美好的代名词。置身于苏州这片江南水乡，你可以欣赏驰名中外的山水园林，可以聆听音韵和美的昆曲评弹，还可以品尝口味独道的当地小吃……在苏州和煦慵懒的阳光下，你有大把的时间可以探索、领略这座城市带给你的别样风情。也许就在你不经意间穿过的寻常巷陌、木桥长廊，看到那些你熟悉的、陌生的、好奇的桥名、地名，你会想一想、寻一寻这些名字背后的故事。"饮马桥的神迹""雪糕桥的孝子""专诸巷的传奇"……这些或许是因为太过熟悉而被你忽略的地方，到底隐藏了多少的往事。"廊桥遗梦""干将莫邪""桃花才子"……正是因为有了这些故事与传说，苏州的街桥地名就不再是一个个冰冷的文字，而是有温度、有情感、有回忆的，鲜活生动，向一代又一代人讲述过去的故事，关于自己的故事，关于苏州的故事。

苏州的街桥

苏州的桥堪称"世界之最"吗

时光荏苒，朝代更迭，岁月不仅赋予苏州城悠远的文化底蕴，还形成苏州特有的古桥文化。苏州古桥用它多、古、秀、趣的特色形象，讲述着过去苏州城的无限风光。

苏州的桥数量庞大，曾任苏州刺史的唐朝诗人白居易有诗称："绿浪东西南北水，红栏三百九十桥。"由此可知，当时苏州大大小小的桥梁之多。诗人杜荀鹤曾对苏州桥梁的特点有过描绘："古宫闲地少，水港小桥多。"根据宋代《平江图碑》的描绘，当时苏州有桥梁359座。民国时城内桥梁为308座，但城外有七百余座，总共加起来有1000座之多。曾有人做过统计，苏州的桥平均每平方公里大概有15座，桥梁之多堪称世界之最！

苏州的桥古老悠久，最早的可追溯到春秋战国时期，最近的是清末民国初。《吴地记》记载："定跨桥为吴王阖闾造。"除了定跨桥外，苏州城内很多桥都建于春秋时期。拥有上千年历史的桥梁还有都亭桥、鹤舞桥、临顿桥、剪金桥、胭脂桥等。有名的皋桥为汉代所建，唐代诗人陆龟蒙曾题诗于皋桥之上："横截春流架断虹，凭栏犹思五噫风。"《吴地记》记载了顾家桥的来历："汉，顾悌，仕吴为虎头将军，父亡五日，绝浆而死，郡人感之造桥。"三国东吴建造了乐桥、钱都衙桥。隋朝修建了

苏州的桥

杨素桥。唐代在苏州建造的桥梁较多，但有些没有记入史册，年代、来历也难以考证。有确切文字记载的桥梁有：石岩桥为白居易所建，夏侯桥为夏侯司空所建，宝带桥为王仲舒捐玉带助建。有些桥虽然不知道何人所建，却出现在流传千古的诗词之中，例如"乌鹊桥红带夕阳"的乌鹊桥、"黄鹂巷口莺欲语"的黄鹂坊桥、"扬州驿里梦苏州，梦到花桥水阁头"的花桥。除此之外，还有唐朝诗人张继诗中的枫桥，南宋建的寿星桥、越城桥、行春，元初建的灭渡桥，明代建的下津桥、普安桥，清代建的普济桥，以及民国时期重建的彩云桥等。

苏州的桥精巧秀美，千姿百态，让人赏心悦目。苏州的桥分为大桥、小桥、拱桥、平桥、旱桥、纤桥、曲桥、廊桥、亭桥、暖桥、踏步桥、过街桥等。每一座桥都有自己的特色，有着每一座桥的风韵。或桥影横江，雄伟壮丽；或精巧玲珑，小家碧玉。大小有别，造型各异，却自然和谐，构成了一幅绝美的苏州水墨图。

苏州的桥传奇神秘，拥有寓意深广、优雅别致的桥名，笔墨精练、章法严谨的桥联以及技艺精湛、刀法秀美的雕刻。每一座桥都蕴含着一个古老的故事，或与古代神话有关，或与名人典故有关，或与民间传说有关，或与戏曲杂艺有关，或与诗词歌赋有关，或与历史事件有关……说不完的故事，讲不完的典故，或许看懂了苏州的桥，就懂了苏州这座城。

"饮马桥"的名字是怎么来的

饮马桥是苏州第三横河上连通护龙街的一座南北拱桥，河东面是十梓街，西面是道前街，地处苏州城的中心。自建桥以来，距今已有1300多年的历史。

说到"饮马桥"这个名字，就不得不提起一个和尚。据王謇所著《宋平江城坊考》记载："支遁好乘马。其最重者，名曰'频伽'。尝饮频伽于桥下。马溲处，忽生莲花。人异之，故名曰'饮马'。而桥之西南，有莲花巷。"支遁是东晋时期高僧，俗姓关，字道林，世称支公，别称支硎，是东晋有名的佛学家、文学家。因其爱马养鹤，所以当地多有关于他和马的传说。有人送支遁五十两黄金和一匹良马，支遁将黄金散于众人，把马匹留下精心喂养。奇怪的是支遁从来不骑马，众人不解他养马何为，支遁回答曰："爱其神骏也。"《神骏图》这幅画作描绘的就是支遁爱马的故事。这幅名画现收藏于辽宁省博物馆中。

苏州饮马桥便是因支遁而得名。传说在某一天，支遁牵了一匹名叫"频伽"的宝马游历山水，经过苏州城时在这座桥下停下来休息喝水。支遁的马喝饱了水，在河边撒了一泡尿，没想到马尿浇过的地方竟然长出一丛莲花来。支遁本是高僧，而马溲生莲又是祥瑞之相，于是人们便把这座桥叫作"饮马桥"。根据清代留存下来的《苏城全图》所描绘的画面，

饮马桥

可以很清晰地看见饮马桥西南侧曾经有一座关帝庙，清代的《桐桥倚棹录》中也详细记载了饮马桥上关帝庙的由来和传说。

相传，顺治二年（1645）清兵平定江南，但在苏州城内仍然有明朝的官兵和太湖大盗赤脚张三在负隅顽抗。清朝总兵土国宝率大军由胥门进攻，想从饮马桥进城。然而当土国宝的部众赶到饮马桥时，却"见关帝横马立桥上，始跪而止"。土国宝闻之大惊，以为是关二爷显灵，立刻下令退兵。后来人们才知道，原来是前一天晚上有两个醉汉酒后失态，将关帝庙里的关帝像抬到桥上，却不想这个举动竟然救了一城的百姓。自此之后，饮马桥便多了一层传奇色彩，一直为人们津津乐道。

苏州的乐桥为什么一开始叫"戮桥"

乐桥建于三国吴赤乌二年（239），是苏州著名的桥梁之一，横跨干将路和干将河，位于苏州市古城区的中心。乐桥是划分苏州城区的标志，乐桥以北为平江区，以南为沧浪区。只是乐桥为何一开始名为"戮桥"，后来又为什么要改名？

在乐桥上原来建有一座汉萧王庙，供奉的是汉高祖时期的丞相萧何。因萧何参与制定了汉代初期的律法，所以汉朝时便将刑场设立于汉萧王庙附近。再加上这里地处闹市，古代处刑犯人习惯于闹市之中，以起到威慑的作用。因为时常会在桥旁处刑犯人，"戮桥"这个名字也就由此而来。后来"戮桥"不再作为行刑的地方，但每每过桥，人们还是会不由得想到这里杀过人，难免感到有些阴森。为了避免忌讳，人们便将"戮"字取其相近的方言读音"乐"字，改桥名为"乐桥"，虽一字之差，其含义却截然不同。

关于乐桥，还有一个有趣的故事。乾隆年间，苏州一个姓李的年轻人每天早出晚归，靠在市场卖菜养活自己和母亲。有一天，李氏在路上捡到一个口袋，回到家里打开一看，里面竟有45两银子。他母亲看了也大为惊奇，对他说道："你只是一个普通老百姓，每天凭自己能力所得也不过百钱而已，虽然少但也是本分所得。现在天降横财，并非你凭本事得到的，恐会惹来祸事。而且丢失钱财的人也可能另有自己的主人，丢失了钱财可能会遭到主人的鞭打责骂，更有甚者还会有人逼他偿还这笔钱，将他逼入绝境。"李母催促李氏赶快回到捡钱的地方等待失主。碰巧丢钱的人回来寻找，李氏就把钱还给了他。那人拿到钱拔腿就要走，周围的人责怪他没有感谢李氏，劝他应拿出一部分钱来酬谢李氏。丢钱的人不但不肯感谢，还狡辩诬陷说："我丢的钱本来是50两，他却偷偷藏匿了5两，我又何必要给他钱酬谢呢？"周围的人一片哗然。

这个时候，一位官员路过问清了事情的原委，假装对卖菜的李氏发怒，打了他五大板。然后打开装有银钱的口袋，指着口袋里的银子对丢钱的人说："你丢的钱是50两，但是口袋里总共只有45两，那这应该不是你的钱。"说完，他把钱拿给李氏说："你没有犯罪却平白受到了我的笞刑，这是我的过错，也是你母亲担心的祸事。这45两姑且算作补偿，祸事已经应验过了，这钱你也可安心收下。"周围的百姓都不由得拍手称快，大为叫好。

为什么枫桥会成为苏州名气最大的桥

枫桥位于虎丘区枫桥街道，横跨上塘河，是苏州西郊的一座古桥。据说，枫桥原名为"封桥"，因为旧时漕运路线会在晚间封道，禁止船只通行，故此得名。后来口口相传，就被讹传为"枫桥"。特别是唐代诗人张继在枫桥上写就了一首《枫桥夜泊》之后，枫桥这个名字便闻名天下了。

作为苏州名气最大的桥，枫桥自有它特别之处。枫桥素有"五古"之称，其年代久远，历史文化底蕴深厚，所谓的"五古"指的便是古河、古桥、古寺、古镇、古关，这里

苏州的枫桥

主要来讲讲这个古河。

古河是指古代京杭大运河中的江南运河苏州段。京杭大运河被列为世界宏大的四大古代工程之一。江南运河苏州段便是指大运河流至苏州浒关到枫桥时，被渠分为两路：一路向东叫枫桥塘，穿过阊门，流入南濠；另一路则从寒山寺前流过，被当地人称作枫江，向南入胥门，与护城河汇合后，再经盘门、觅渡桥，与吴江段运河相连，最后趋向浙江。因为枫桥横跨在运河至苏州的要塞，与古驿道形成交会，如此优越的地理位置使它成为水陆两驿道的中转站。旧时江浙、湖广、安徽、福建一带进贡宫廷的御品和土特产都要在枫桥集中，再依次运往京都或各地。因此，枫桥一带的各色商旅如云如织，商品货物琳琅满目，江边渡口船只密布，商店摊位鳞次栉比，一路延伸至阊门。

除了是繁荣的商贸地，枫桥还是许多文人墨客争相探寻的别样风景。"月落乌啼霜满天，江枫渔火对愁眠。姑苏城外寒山寺，夜半钟声到客船。"张继的这首千古绝唱中，寥寥数语将枫桥与寒山寺清冷、凄婉、幽深、宁静的独特诗境描绘得十分写意生动，也引得无数游子来到枫桥寻觅这美妙的诗境。唐代的白居易、刘禹锡，宋代的范成大、陆游，明代的唐伯虎、王宠，清代的沈德潜、吴伟业，还有乾隆皇帝等都曾来追寻过枫桥，续写过数百首关于枫桥的诗词。也正是这些诗词，让枫桥的月光能穿越古今，照耀神州大地，让寒山寺的钟声走出苏州，响彻五湖四海。

你知道关于"乌鹊桥"的传说吗

乌鹊桥是苏州最为古老的一座石拱桥，始建于春秋时期，与阖闾城同建，距今已有2000多年的历史，可谓是苏州桥中的"元老"。如今的乌鹊桥坐落在苏州城区南部，横跨第三横河东段南侧平行分支，北塊连平桥直街，东侧滚绣坊，西侧长洲路，南塊出十全街，正对乌鹊桥路。翻修之后的乌鹊桥，保留了下半部的原桥石，其他部分改为钢筋混凝土桥，规模宏大，蔚然壮观。

宋《吴郡图经续记》记载:"乌鹊桥,在郡前。旧传有古馆八,曰全吴、通波、龙门、临顿、升羽、乌鹊、江风、夷亭。此桥因馆得名。白乐天诗尝及之。"建城之初的乌鹊桥位于当时"子城"正门前直街上,因为附近有一座吴王乌鹊馆,于是当地人便把桥也取名为"乌鹊桥"。要说起对乌鹊桥影响最大的一个人,恐怕要数白居易了。在白居易的诗中反复出现过乌鹊桥的"身影":"乌鹊桥红带夕阳""乌鹊桥高秋夜凉""黄鹂巷口莺欲语,乌鹊河头冰欲销"……除了白居易的诗篇,宋代诗人杨备在《乌鹊桥上元》中也有写道:"月满星移水照天,南飞乌鹊影翩翩。虽然上属牵牛分,不为秋河织女填。"这样的绝美诗篇。这些浪漫的诗人用奇思妙想,描绘了一段有关乌鹊桥的爱情传说:相传,每到农历的七月初七晚上,为了帮助牛郎和织女完成一年一次难得的相会,无数的乌鸦和喜鹊聚集在银河之上,并排齐飞,用自己的身体搭成一座桥,供银河两边的牛郎和织女通行团聚。所以,如今每到情人节,乌鹊桥便成了情侣相会的地方,相爱的两人一起走过并祈祷:"走过乌鹊桥,永远不分开。"

乌鹊桥

除了古诗词中对乌鹊桥描写颇多,《水浒传》第93回《混江龙太湖小结义,宋公明苏州大会垓》写宋江征方腊攻打苏州时,也对武松在乌鹊桥斩杀三大王方貌做了详细描写:"乌鹊桥下转出武松,赶上一刀,砍断了马脚,方貌倒颠下来,被武松再复一刀砍了。提首级迳来中军参见先锋,请功。"据说旧时的乌鹊桥桥高水阔,站在桥上可将四周景色尽收眼底。如今的乌鹊桥历经百年的风霜,已经变成了平直小桥,可供汽车通行,已不复当年的模样。但与之对应的乌鹊桥路却演变成了苏州的电脑一条街,是苏州年轻人经常光顾的地方之一。

苏州最高的桥是"吴门桥"吗

吴门桥横跨在苏州城南的京杭大运河上，是出入盘门的主要航道，根据宋代《平江图》记载，吴门桥为三桥相接，下设三洞，与邻近的盘门城楼、瑞光塔组成苏州城南一道别样的风景线。

吴门桥

吴门桥是苏州市历史最为悠久的古桥之一，也是江苏省现存最高的一座单孔石拱桥。吴门桥桥洞高大，木船可扬帆通过，即便现在机动船拖曳着一串串满载货物的木船，依然能轻松驶过。远望扬起风帆的一艘艘木船，漂浮穿梭在河面上，好似一朵朵浮动的白云。而那一支支由机动船拖曳的船队，则更像是一条条锦带，上面勾画着江南水乡的富足与丰饶。就在这吴门桥上，无数的名流志士留下了他们的足迹，白居易、范成大、范仲淹，就连南宋的抗金统帅韩世忠和太平天国的忠王李秀成，都曾经立马于吴门桥头，留下一段段传奇的故事。

据记载，范仲淹被贬任苏州知府时，正好赶上苏州暴雨成灾，大水连发三个月不曾退去，农田里的庄稼被长时间浸泡在水里，秋收无望。看着即将绝产的粮食和每日忍饥挨饿的民众，范仲淹心急如焚，立刻深入灾区，调查和了解灾情和造成水灾的原因。范仲淹带领长子纯佑、家仆王升和僚属、公差数人，一行人头戴斗笠，身披蓑衣，冒着风雨驾舟沿太湖察看水情。在风雨交加的太湖水面，范仲淹扒开湖滩茭草，用手臂伸探污泥淤积的厚度，在高高的吴门桥下，水流湍急的桥洞里，用木尺测量水情，当时上下游水位落差一尺多，十分凶险。

经过数日的勘察，范仲淹终于知道了苏州水灾的成因并找到治水的办法。他根据苏州的实地情况，提出了疏通河道引太湖水入海的治水方案，改变了只堵少疏的治水做法，把原来主要靠吴淞江泄洪扩展为由吴淞江、元和塘、娄江三条江河同时向长江泄洪，再用运河串联这三条江河，形成三"川"一"横"的"卅"字形泄洪排水的方案。范仲淹一面救灾和安抚灾民，一面安排兴修水利，率领苏州百姓经过两个多月的艰苦奋战，治水泄洪工程终于顺利完成。苏、湖、常、秀各州大片地区从此不再有水灾之患。

苏州"渡僧桥"是一位老和尚建的吗

渡僧桥是苏州城内的一座小桥，位于阊门外，横跨上塘河。相传三国东吴时期上塘河处本没有桥，河岸两边一头连着寒山寺，一头连着阊门，来往其间全靠摆渡。后来为了通行方便，修建了渡僧桥。渡僧桥一边是古朴幽静的山间石路，一边是繁华热闹的山塘街，从这边走到那边竟有一种恍如隔世的感觉。

渡僧桥

关于渡僧桥的由来，乾隆年间的《苏州府志》是这样记述的："孙吴时，民为舟为济商。有僧呼渡，舟子弗应，僧折杨柳枝浮水而渡，众皆惊异罗拜，愿借神力成此桥。遂募建，不日而成，以'渡僧'名。"

当地广为流传的版本是这样的：明朝万历年间，在苏州阊门外的摆渡口，一天清晨虎丘山庙里的老和尚为了修造寺院，想赶去城里化缘。可是却因付不出摆渡钱，没有一个船夫愿意理他。直到正午，老和尚也没能渡过河。最后没有办法，他只好从渡口的柳树上攀下一些枝干，编了个柳片，把身子伏在上面，用手划着水慢慢地到了对岸。老和尚平安上岸之后，双手一合，许愿等化了缘一定要在这里造一座桥。

后来，老和尚在茶馆听说，渡船的生意被当地的恶霸和官府垄断，之前不是没有好心人想要建桥造福百姓，可被这群地头蛇打击报复过之后，就没有人再敢提及此事。若是真想造桥，除非到南京去请海大人出来做主，这件事才有指望。当时任南京右都御史的海瑞刚直不阿，老和尚面见了他的心腹海洪，提及了造桥一事，海洪有些为难地说："我们大人为官清廉，吃粥都只用一块乳腐当小菜，哪有银子帮你造桥呐！"老和尚向海洪施了个礼，恭敬地说："贫僧只请海大人题个桥名，就心满意足。"海洪一听，这事不难，便将老和尚带到了海瑞面前。老和尚把苏州县官利用渡船对老百姓敲诈勒索的行为诉说一遍，又说自己决心化缘造桥，请求海大人赐个桥名。海瑞听后，立刻叫老和尚把缘簿拿上来，他提笔在缘簿的第一页写了三个大字——"渡僧桥"，并在旁边附注一行小字"南京右都御史海瑞为虎丘禅寺法师造桥题名"，还在下面盖了个朱红官印。海瑞对老和尚说："你放心去化缘造桥好了，日后如有困难，尽可再来见我。"

老和尚回到苏州后，便拿着缘簿到县官那里去化缘。县官看见海瑞的题字，不由得心惊肉跳，纵然再不乐意，也不好阻止造桥一事。老和尚拿了缘簿到处化缘，好比一道令箭在手，大家纷纷有钱出钱，有力出力，没用多长时间就募到了很大一笔捐款。于是老和尚买来石头，又请来能工巧匠，在摆渡口造起了这座"渡僧桥"。

"宝带桥"为何被称为"苏州第一桥"

宝带桥位于苏州市吴中区长桥街道，又名"长桥"，始建于唐朝。宝带桥横跨于大运河和澹台湖之间的玳玳河上，全长316.8米，共有桥孔53处，由金山石堆筑而成，是中国现存的古代桥梁中最长的一座多孔石桥。宝带桥不仅有"苏州第一桥"之称，还与赵州桥、卢沟桥等并称为中国十大名桥。宝带桥历史悠久，不仅被列为第五批全国重点文物保护单位，更是作为中国大运河重要遗产被列入世界遗产名录。

据记载，在唐朝时期，沿大运河所开通筑造的纤道在澹台湖处被截

苏州的街桥与地名

45

断，以至于此处的水流湍急，浪涛汹涌，非常不利于水路运输。运送钱粮物资的船只每每行至此处，都要小心缓行甚至被滞留。后来在元和年间，当时的苏州刺史王仲舒为了改变这一境况，筹资建桥，变卖了束身宝带。当地士绅感动于王仲舒此举，纷纷解囊捐赠，很快便筹集到全部资金。王仲舒亲自督工，规划构筑长桥。因为建此桥的目的是便于车马运输，所以并没有采取江南以往建桥的风格，将"垂虹架空"的石拱形变为"宝带卧波"的长堤形。同时，为了使湖水能够畅通无阻，桥身还采用了多孔狭墩的结构。宝带桥历时四年建造完工，开通以后，大大方便了来往的船工纤夫，苏州百姓更是大为赞赏。为纪念王仲舒献带建桥的义举，人们便把此桥命名为宝带桥，并沿用至今。

宝带桥

关于宝带桥，还有一个有趣的传说。相传很久以前，天庭里住着一位仙女，法力无边，日子虽然无忧无虑，却也十分的寂寞。她常常听其他仙女说人间有一个名为姑苏的地方，那里山清水秀，物资丰饶，百姓安居乐业。终有一日，她忍不住动了凡心，乘着祥云悄悄离开了天庭，飞到了太湖的上空。此时正值黄昏，夕阳西下，渔民们满载而归，广阔的太湖湖面风平浪静，湖面上白帆点点。仙女飞过天平、灵岩二山，飞到姑苏城的上空。只见城内行人如织，车马熙攘，丝竹管乐隐约可闻。仙女飞越澹台湖时，发现澹台湖虽小，却不似太湖那般平静。小小的湖面白浪滔滔，一叶小渡船在巨浪中艰难航行，左摇右摆，甚是凶险。湖的两岸聚集着南来北往的商旅，都在为渡船捏一把汗。仙女见此情景，动了恻隐之心。她解下腰间的玉带，抛向澹台湖面。玉带轻柔，在空中随风飘荡，可一落到湖面，便化为一座53孔的石桥。湖面立时风平浪静，大家都说是玉带镇住了湖中兴风作浪的湖怪。自此，苏州百姓可以步行穿过澹台湖。

苏州的"雪糕桥"是得名于一位孝子吗

明朝万历年间，在苏州胥门外横塘古镇的运河上修建了一座亭子桥，本名为"普福桥"，桥身为三孔石桥，桥面设有凉亭，亭檐四角飞翘，置有古铜铃，风过飘荡，叮当作响，于是当地人便把它叫作亭子桥。只可惜在1969年，因为要拓宽运河河道，横塘的亭子桥只得被拆除了。好在苏州城内也有一座亭子桥，年代更为久远，桥身也更为宏伟。

这座苏州城内的亭子桥位于萧家巷东端的平江河上，由南向北数第四座桥便是"雪糕桥"。根据宋代《平江图》碑刻上的铭文，雪糕桥的历史应当比横塘的普福桥更早。清乾隆十八年（1753）、光绪三十一年（1905）和1985年都曾重修过此桥。如今的雪糕桥长5.8米，宽3米，高2米。桥面是用五条花岗石梁并列搭建而成的，桥墩则是由四根条石组成。桥上原先建有一座观音堂，当地将这

雪糕桥

种把寺庙建在桥上的建筑组合称为"桥驮庙"。

说到"雪糕桥"这个名字，很多人都会感到奇怪，一座桥的名字为什么会和雪糕有关系？

据说，雪糕桥位于萧家巷东端的平江河上，而萧家巷里住着一位张姓的年轻人。张生自幼家贫，与母亲相依为命，为人十分孝顺。有一年冬日大雪，张生家中断粮，母亲重病之中断断续续地说想吃米糕。张生无奈，只能将雪捏成米糕状拿去给母亲看，聊以安慰。谁知，当张生捧着雪做的米糕送到母亲面前时，竟然顿时变成了一块热气腾腾、香气诱人的米糕，大家都说是张生的孝心感动了观音菩萨，观音显灵了。一时

间，张孝子抟雪为糕奉亲的故事，成为大街小巷的美谈。待张孝子故去以后，乡里人将他就地殡葬，还在墓碑旁设立祠堂以供乡人拜祭，并将萧家巷东边的小桥改名"雪糕桥"，以此作为纪念。这便是"雪糕桥"名字的由来。

你知道苏州"落瓜桥"背后的传奇故事吗

　　苏州有很多名字很有趣的桥，除了上文提到的"渡僧桥""雪糕桥"外，"落瓜桥"也是一座历史悠久、颇具传奇色彩的桥。

　　落瓜桥位于临顿路南段西侧，横跨临顿河，是苏州城区中部地区的一座桥梁。据记载："宋初，吕蒙正落难苏州求乞。一日晨至醋坊桥处，见一农夫担西瓜两筐，急急东行。忽一瓜坠地，吕蒙正捡瓜呼喊，农夫

落瓜桥

见乃一穷书生，将瓜遗之。蒙正十分感激。正捧瓜上桥，却又坠地，瓜成碎片。"说的是在北宋时期，河南人吕蒙正在早年未发迹时，家境贫寒，只得来苏州投靠亲戚。却不想亲戚还未曾找到，盘缠却早已用光。接连几天粒米未进，吕蒙正走到一座桥下时，饿得几乎快要昏过去了。正巧在这个时候，一个农夫挑着两筐西瓜向东急行，一个疏忽掉落了一个西瓜，吕蒙正见状赶紧上前将西瓜捡起，并呼喊农夫。农夫回头看见是一个饿得面黄肌瘦的穷书生捡了瓜，便将瓜赠予吕蒙正。吕蒙正十分感激，将瓜捧上桥，却不想一不小心又将瓜摔落在地，瓜碎成了几块。无奈之下，吕蒙正只得以瓜代餐。后来吕蒙正发迹，官至宰相，故地重游之时感慨万千，便自己掏钱修缮了这座桥，并取名为"落瓜桥"。

　　还有一说是从桥上掉下一根大黄瓜。吕蒙正就以黄瓜代餐，然后匆匆上路。发榜后，居然高中了。后来，吕蒙正官至宰相，便将这座桥改名为"落瓜桥"。

不过在很多当地流传的版本中，落瓜桥的"瓜"也被认为是黄瓜，而非西瓜。说起黄瓜，值得一提的是它的原产地竟然是印度，西汉张骞出使西域，带回来一种名为"胡瓜"的奇怪果蔬，当时对它的形容是"实长数寸，色黄绿，有刺甚多"。后来到了东晋十六国，后赵国主石勒，因为不喜欢"胡"这个字，便将它改名为"黄瓜"。据说，清朝的乾隆皇帝十分喜爱黄瓜，每天早晚的菜肴中，乳黄瓜是必备之品。

苏州"富观桥"有着怎样的象征

富观桥位于苏州市同里镇富观街北港，全长34米，宽2.8米，高5.1米，横跨秕字、禾弗字两圩，为通往古镇北郊的要道。据记载，富观桥始建于元至正十三年（1353），为同里人宁成所建，初名为"庆荣桥"。清康熙五年（1666），同里人沈敬宇募资修缮，并易名为"富观桥"，沿用至今。

在富观桥拱圈中部的龙门石上，有一幅惟妙惟肖的《桃花浪里鱼化龙》的浮雕，画面灵动活泼，刀法干净利

富观桥

落。富观桥历史悠久，经历过多次修建，集历代石料之大成。在南北两侧的金刚墙上，还有嵌砌着元明清修缮此桥时留下的三块石刻，分别是元代修建时留下的紫石（武康石）、明代修建时留下的石灰石（青石）和清代修建时留下的花岗石（金山石）。在阳光照射下，斑驳的桥石显得熠熠生辉，光彩夺目。富观桥的最大设计特色在于因地制宜，在桥坡北边的中段，建有面积约4平方米的平台，平台东侧砌有条石，可供南来北往的行人在此歇息片刻。而平台西侧的一角，原来则是当地居民楼房的一个侧门。来往行人拾级而上，既可北去，也可从平台处转向西行，下至

平地。如此设计，真可谓颇具匠心。

除了独特的设计，富观桥还是同里古镇最富有神话色彩的古桥。据说，龙石门上的"桃花浪里鱼化龙"的壁画，源于一个神话故事。相传，鲤鱼一旦跃过龙门，便可脱去凡胎，化龙飞天。有一年三月"桃花雨"的发水季节，富观桥下的一条鲤鱼乘风破浪，想要跳过龙门进入仙界。就在它奋力一跃即将跳过龙门之时，富观桥上走来了一位如花似玉的姑娘。鲤鱼凡心一动，结果一瞬间被定在桥上，跳过龙门的鲤鱼头变成了龙头，而没过龙门的下身仍为鲤鱼身。如此这般模样，注定永远上不着天，下不着水，借以规劝人们做事要意志坚定，切不可三心二意。至清代中期，富观桥因"鱼跃龙门"的传说又成为金榜题名的象征，传说读书人如果走过富观桥，就能一跃龙门，飞黄腾达。

如今的富观桥，桥面已经没有初建时的木栅栏，桥面两侧石栏也已经被后人用青石、花岗石嵌补好，保持着它古朴无华、深远厚重的特色。

苏州"西施桥"与西施有什么关系

说到西施桥，就不得不提到木渎。木渎位于苏州城西，太湖之滨，是江南有名的风情古镇。

木渎物产丰饶，风光秀美，最有趣的是它地处在天平、灵岩、狮山、七子等吴中名山的环抱之中，于是被当地人称为"聚宝盆"。相传春秋末年，吴越相争，越国战败，越王勾践被俘，勾践与谋士范蠡施用"美人计"，将越国美女西施献于吴王。吴王夫差专宠西施，特地为她在秀逸的灵岩山顶建造了一座馆娃宫，又在紫石山增设了姑苏台。因为工程浩大，所需材料众多，便有了"三年聚材，五年乃成"之说。相传，当时从各地运来的木材甚至都堵塞了山下的河流，真可谓是"木塞于渎"，木渎镇的名字便由此而来。

既然是江南名镇，自然少不了别具特色的古桥。木渎镇共有18座古桥，其中颇为著名的有廊桥、单孔桥、多孔桥、亭子桥、拱形桥，以及成双成对的小双桥、姐妹桥等，其中造型最为独特，格调最为高雅，名气最大的就要数西施桥了。

西施桥建造得十分雄伟，整个桥身长100米，全部用铁做成，宽21米，可容四辆汽车并排通行，两侧还设有人行通道。这么长的桥却只有两个桥墩，每个桥墩上有一个铁做的大拱。桥建造得很高，即便是发大水的时候，江水也冲不到西施桥。这样别具一格的设计，不仅减轻了桥身的重量，使西施桥更加坚固，还减轻了流水对桥身的冲击力，使桥不易被冲毁。据说，西施被献于吴王之后，经常与宫里的佳丽在溪边用奇香花粉沐浴。携带着她的体香及胭脂、花粉之香的溪水自西往东，一路芬芳，于是后人便把这条清澈湍急的小溪称为香溪，把溪上的这座石桥称为西施桥。

值得一提的是，另一座与西施桥同样有名气的古石桥也在香溪河上。建于明弘治十一年（1498）的永安桥，距今有500多年的历史。这座同样架在香溪河上的古石桥，古朴而富有诗意。桥下设有香炉，偶尔有乡里人在此焚香祝祷，祈盼安康。

西施

胡厢使桥为什么又叫"胡相思桥"

旧时的胡厢使桥建在平江河上，为武康石建造而成。据宋代《平江图》记载，胡厢使桥东西两侧台阶各12级。如今我们看到的胡厢使桥是清朝乾隆时期修葺之后，在1982年重新修建的桥身，已改为花岗石桥栏。桥身全长14.6米，宽3.2米，高2.9米。桥孔两旁的明柱石上刻有"乾隆

苏州的街桥与地名

51

九年署元和县正堂加六级张曰谋重建"等字样。桥面浮雕上雕刻着轮回纹，是当时桥梁、寺庙等古建筑上比较常见的图文内容。据《吴门表隐》卷十记载："崇正宫桥南堍塑桥神、喜神、宅神、井神、灶神、厕神，皆出名手，肖像如生。"在桥西南侧的金刚墙上还有一方刻有"桥神土地"字样的石碑。

作为平江路上唯一一座拱式单孔石桥，胡厢使桥的桥面南北外侧却刻有"重建胡相思桥"五个字，而且很多当地人也习惯把胡厢使桥叫作"胡相思桥"，还把桥前的胡厢使巷也称为"胡相思巷"，这是为什么呢？

原来，厢使是宋代设立的，是专门用来维护治安和处理民间纠纷的一种官职。之所以老苏州人会将它叫作"胡相思桥"，是因为关于胡厢使桥，还有一个凄美的爱情故事。那是在明朝末年，有一归姓富商举家迁至胡厢使巷中段。因富商一家平日饮食讲究新鲜，就雇用了一个年轻小伙子，每天由苏州葑门外按时将菜送到归家。这个小伙子虽然是一个农户，但老实本分，长相清秀。归家小姐偶尔会与他相遇，攀谈几句，发现他并非只是个胸无点墨的粗人，竟然还有些学问，待人接物也十分得体。时间一长，双方接触的次数多了，渐渐产生了好感，几天不相见就会彼此惦记。

若是在现在，年轻人聪明上进，归小姐美丽大方，也不失为良配。只是在那个门第观念严重的年代，归家老爷没有办法接受这份门不当、户不对的感情。他一面阻止两人的交往，把送菜的小伙子换成了一个中年妇女；一面将归小姐关在家里，不停托媒人为女儿说亲。归家小姐心中痛苦万分，却没有办法反抗，终是害了相思病，日日以泪洗面。在一个凄冷的夜晚，归家小姐跳入自家院中的水井，了却了

胡相思桥

短暂的一生。柔弱的归家小姐以身殉情的故事，让苏州人扼腕痛惜。大家自发地在巷内为其立了一座牌坊以示纪念，并改称胡厢使巷为"胡相思巷"，胡厢使桥为"胡相思桥"。

你知道苏州"思婆桥"的来历吗

　　思婆桥是一座梁式石桥，于清嘉庆十年（1805）和1988年分别进行过一次重新修缮。如今的思婆桥桥身全长10米多，宽3米，高2.9米。桥面是用四条花岗石梁并列镶嵌而成的，桥栏是用高约40厘米未经雕饰的长条花岗石筑造的，可供过桥者或游人歇息赏景。东西两坡各有10级石阶，桥两头用刻着灵芝和宝莲的武康石作装饰，南北两侧的石栏外刻

思婆桥

有"重建思婆桥"。桥台南侧的石柱上刻"嘉庆乙丑年四月"，北侧的石柱上则刻有"里人"等字眼。

　　思婆桥可称得上是平江路上第一古桥，这个"第一"包含着两个方面：位置和年代。原来的苑桥因为干将路的改造，被改建成了现代式桥梁，因此思婆桥现在是位于平江路南起第一座古桥。再来说年代，虽然没有明确记载思婆桥的建造时间，但思婆桥的建筑材料主要是武康石，这种石材在宋代时常用来建城，曾从浙江大量运入苏州，而且宋代开山采石的技术还不够成熟，不足以开采像金山石这样的花岗岩。因此，大致推测出思婆桥很可能始建于宋代。

　　至于思婆桥名字的由来，根据宋代遗留下来的《平江图》可知，当时的平江之上已有一座桥，当时在桥的西侧有一座唐代古刹"资寿寺"，因此这座桥得名为"寺东桥"。后来，因为资寿寺是一所尼僧院，而在苏

州的白话里尼姑被称为"师婆"，后经流传，"师婆桥"传来传去就成了"思婆桥"。至于后人为这座桥编造的美丽故事，有说之所以叫"思婆桥"是因某家媳妇思念她婆婆的，或说是因思念老婆的。虽然毫无根据可言，却丰富了苏州人的生活，也为思婆桥增添了一份浪漫与神秘。

苏州的地名

苏州的"太监弄"是一条美食街吗

在苏州观前街与北局之间有一条短巷，名叫"太监弄"。走进那里，一排排餐厅饭店鳞次栉比，既有百年不衰的老字号店，也有近几年流行的时尚小吃店，让人仿佛置身于美食的天堂。只是如此繁华的一条美食街，为什么要叫作"太监弄"呢？

太监弄这个名字起源于明朝，与苏州出产丝绸有一些关系。当时明朝的财政收入大部分来自苏州和松江两个府区，苏州地区

太监弄

蚕桑和丝织业十分发达，出产的丝织品闻名天下，供不应求。而松江则是棉产品的基地。明廷为了方便经营，获取苏州的丝织品，专门在苏州设立了织造局，雇用一批机匠在织造局内服役，日夜赶造丝织品，以供宫廷内务府使用。既然是朝廷设立的官方机构，自然是要派人来主持和监管的。织造局每年不仅要按时定量上交丝织品，还要收取一定的税银，充盈国库。据《苏州织造局志》记载：明朝的历代皇帝，均曾派内官、内使、太监来苏州监管织造局，少则一二人，多则十来人。成化年间，

明宪宗派太监罗政、陆英、麦秀到苏州监管。正德年间，明武宗曾派太监龚洪、杨轼、芮景贤、晁进、孙锐、张玉、浦智、廖宣、梁玉、李彬等到苏州监管织造局。这些被委以重任的太监就长期居住在织造局附近的小巷里，时间久了，当地人就把这条小巷叫作"太监弄"。

在苏州本地有个说法叫"吃煞太监弄"，每逢节日假期，有外地游客到苏州赏玩，问起哪里的地道美食好吃时，三轮车师傅总会向其推荐："不妨到太监弄品尝各种珍馐佳肴。"太监弄里最具传奇色彩的老字号店铺便是松鹤楼了，据史料记载，清乾隆二十年（1755），苏州遭遇大旱，城内大小水井全都干涸枯竭，唯有松鹤楼后院的一口"蟹脐井"一直甘露不断。就是靠着这口井，苏州百姓熬过了那场旱灾。后来，有地方官请一位老道长探究其缘故，道长察看地形后，对地方官说道："吴王阖闾令伍子胥建苏州城，似蟹形，此井在中心，通八路水源，因此甘露不断。"

值得一提的是，原本还有"吃煞临顿路"一说，明清时期，苏州的饮食业都集中在阊门、胥门外一带，只是后来石路地段遭日军轰炸，昔日名馆酒楼皆化成废墟。再后来观前街被拓宽，当地政府开发北局产业，很多酒家饭店逐渐转移到太监弄一带，昔日临顿路盛况便在太监弄重新上演。

你知道"干将路"和"莫邪路"的传说吗

在苏州，有一条很具有传奇色彩的道路，被称为"干将路"。

吴国人干将与其妻莫邪擅长铸剑，楚王命干将为其铸造绝世宝剑，干将用了三年时间才打造了雌雄双剑两柄。干将进宫之前，对即将临盆的妻子说道："我给楚王铸剑，用了三年时间才成功，楚王必定会龙颜不悦，我这一去恐有性命之忧。日后若你生下男孩，等他长大后告诉他：'出房看南山，松树长在石上，剑在它的背面。'"说罢，就带着雌剑进宫面见楚王了。果然如干将所料，楚王对干将三年才铸成宝剑极为不满，命人处斩了干将。干将的妻子莫邪强忍悲痛，后来生下了一个男孩取名为赤，她隐姓埋名将儿子抚养长大，在儿子长大成人之后便将所有的事情告知他。赤听到父亲死于楚王之手，悲愤异常，发誓定要杀了楚王以报父仇。他遵照父亲生前的话，在堂前松树下的一块磨剑石内得到了雄剑，日夜思索报仇的计划。

就在赤想尽办法报仇时，楚王做了一个梦。他梦到有一个年轻人，高大强壮，身手矫健，眉间广阔约有一尺，口口声声说要杀他报仇。就在年轻人快要得手时，楚王惊醒过来。心有余悸的楚王命人将梦中年轻人的模样制作了画像，重金悬赏捉

干将莫邪

拿。赤得知这件事后，只得逃出城外，躲进山里。想到此生可能报仇无望，不由得放声悲哭。恰巧有一侠士路过，问其为何事如此悲痛，赤回答说："我本是干将、莫邪的儿子，楚王杀了我的父亲，可是我却没有办法报仇！"侠士对他说："如今楚王已知你要报仇，重金悬赏买你的命，你已经没有办法接近他。不如我带着你的剑和首级去面见楚王，替你报仇如何？"赤一听，觉得此计可行便没有丝毫犹豫，自刎在侠士面前，双手捧着脑袋和剑，尸体却屹立不倒。侠士接过他的首级和宝剑，对他说："我决不会辜负你！"闻听此言，赤的尸身才倒下。

侠士带着赤的首级去面见楚王，楚王十分高兴。侠士对楚王说："这是勇士的头颅，应当用大汤锅煮。"楚王照着他的话去做，可是一连煮了三天三夜，赤的头颅都没有煮烂，还跳出汤锅，眼睛愤怒地瞪着。侠士又对楚王说道："这孩子怨愤太深，头颅煮不烂，请大王亲自到锅边看一眼，就一定能煮烂。"楚王立刻走近汤锅去看，侠士乘其不备，一剑砍掉了楚王的脑袋，随后也自刎而死。楚王和侠士的脑袋都掉进汤锅里，三个脑袋都煮烂了，混在一起没法分辨。于是人们把肉汤分成三份埋葬，

笼统地称为"三王墓"。

苏州百姓为了纪念干将，便把与干将墓相近的古城正东城门称为干将门，也就是今天的相门。1982年和1994年，对苏州古城进行了两次改造，规划了一条长约7000米，横贯古城东西的主干道——干将路。并采用苏州古城传统的"两路夹一河"格局，南北两边是两车道的单行道，中间是一条清澈的小河。只是有了干将路，却没有莫邪路，这对于崇尚历史人文的苏州人来讲是一个遗憾。后来，人们便把苏州古城东侧的一条小路命名为莫邪路，希望他们夫妻二人能够长久厮守，一直保护着苏州城。

风流才子唐伯虎曾住在苏州"桃花坞"吗

在唐宋时期，苏州城西北方向的阊门和齐门之间遍栽桃树，被称为"桃花坞"。桃花坞旁有一条桃花河，每到春天万物复苏，桃花坞里落英缤纷，流水潺潺，一片春色盎然，是苏州百姓春游踏青赏花的必到之处。北宋的太师章楶曾在桃花坞置业安居，因此后人就把位于苏州古城西北隅的道路称为桃花坞大街。

有关桃花坞的故事，最著名的要数唐伯虎和沈九娘的事迹了。

唐伯虎是明代著名的书画家，被称为"吴中四才子"之一。因其生于庚寅年寅月寅时，所以取名为唐寅，字伯虎。他16岁考中秀才，25岁参加乡试考中举人，名列榜首成为解元，同时，他的书画也闻名大江南北。只可惜，这样一个才华横溢、不愿入仕为官的人却被自己的妻子何氏逼去参加"春闱大考"，以求高中状元，光宗耀祖。无奈之下，唐伯虎只得赴京赶考，何氏在长亭为他饯行，好友祝枝山也前去送别。当时的祝枝山潇洒倜

桃花坞

悦，被贬官之后看破了官场的尔虞我诈，索性沉醉于诗文和书画。送别当天，他还带去一直钦慕着唐伯虎大名的两位花中魁首——沈九娘和徐素。徐素弹琵琶，沈九娘唱吴歌，为唐伯虎壮行。这是唐伯虎和沈九娘的第一次相见，两人皆为对方的才华和性情所惊叹。

不久，唐伯虎就来到了京师会试。是时，主持会试的是侍读学士程敏政和李东阳。一同前来应试的举人徐经是程敏政的内侄，而唐伯虎又是徐经的挚友。碰巧的是，唐伯虎和徐经考前试作的文章题目竟然与试题相符，于是便有人弹劾程敏政受贿泄露试题。明孝宗闻之大怒，立刻命人将程敏政、徐经和唐伯虎逮捕入狱，由李东阳负责主持审问。直到后来确定是一场冤案后，这才将他们无罪释放。

经此牢狱之灾，唐伯虎落魄归家。却没想到妻子何氏不仅没有安慰他，反倒收拾包裹回了娘家，只留下两句话："若待夫妻重相聚，除非金榜题名时。"后来，何氏又与他和离，做了一位显官的续弦。唐伯虎的亲友劝他再娶妻室，但他心中一直牵挂着沈九娘。和离之后，他曾去看望过沈九娘，并在她的团扇上题诗一首："秋来纨扇合收藏，何事佳人重感伤。请把世情详细看，大都谁不逐炎凉！"九娘一直都对唐伯虎有爱慕之情，也明白他的心意，只是她的身份太过卑微，怕是配不上唐伯虎。而唐伯虎的压力也不小，他的一些朋友鄙视他眷恋妓女，他的同胞弟弟苦劝无果，气愤之下也和他断绝了来往。在这期间，沈九娘一直陪伴着他，给了他很多安慰和鼓励，唐伯虎也潜心书画，终有大成。后来在祝枝山的安排下，时任苏州知府的王鏊主持了唐伯虎与沈九娘的婚礼。

之前唐伯虎一直住在苏州阊门内的吴趋坊，他和沈九娘大婚之后便移居到桃花庵，也就是离平门不远的桃花坞内。晚年的唐伯虎和沈九娘用卖画得来的钱建了些亭阁，并在住处附近栽种了一大片桃树。唐伯虎还写了一首《桃花庵歌》，于是苏州桃花坞的美景渐渐名扬天下。

苏州的街桥与地名

你知道"胡厢使巷"的起名故事吗?

苏州的胡厢使巷与柳枝巷平行相邻,西起平江路,东至内城河。紧贴胡厢使巷南侧的是胡厢使河,全长530米,上有三座小桥,分别是唐家桥、北开明桥和中家桥。巷南为河,巷北为宅,这是典型的江南水乡的布局结构。

胡厢使巷曾在1966年更名为创新巷,1981年又恢复了原来的名字。根据《吴县志》记载:"原名胡厢使巷,俗名胡相思巷。"在苏州,胡厢使巷名字的由来有两种说法。一是说因为巷南有一座非常有名的胡厢使桥,所以紧邻的小巷就被叫作胡厢使巷。二是说南宋时候苏州为陪都,在官位上列设有四厢,而这条小巷曾有一位胡姓厢使居住过,便因此得名。至于在

胡厢使巷

苏州当地为什么又俗称"胡相思巷",这里面就又有两种说法了。一种是有人认为苏州话"相思"和"厢使"音调相近,只是因口误而生罢了。另一种是有人认为,之所以变为"相思"是因为源于胡相思巷过去的一段凄美爱情故事。

如今的胡厢使巷仍旧保留着不少古迹。明代王鏊的《姑苏志》记载:"观音庵,在贞三图胡厢使巷。宋淳熙年间,僧清一垦土得石像,因建。"观音庵又名石像庵,遗址如今在中家桥北塅。宣统《吴县志稿》记载:"清源妙道真君庙,在平江路胡厢使桥南,一名古太尉堂。"巷内还有一条支弄,叫作"棋杆弄",相传元末明初,周庄大富户沈万三曾在此居住过一段时间。

在胡厢使巷内最为有名的三处古建筑分别是位于中家桥北塅的节孝坊、巷内35号的蒋氏义庄和巷内40号的唐纳故居。卵石铺地的天井,粉砖花窗的楼墙,红柱曲廊,翠竹绿树,将胡厢使巷的清幽淡雅描绘得淋

漓尽致。

苏州"专诸巷"暗藏着怎样的风云往事

在苏州阊门的城墙脚下有一条专诸巷，是通往城门南侧其他街巷的主要通道。旧时专诸巷紧挨内城河和城墙，南起景德路西端金门口，北达西中市西端阊门口，是石塔横街与葫芦弄的交会处。据说，专诸生前曾居住在这里，专诸巷内有一个被苏州人俗称为"高墩墩"的土堆。专诸自幼性情暴躁，好勇斗狠，但却是个大孝子。只要专诸的妻子站在土堆上，手里高举专诸母亲的拐杖，高呼专诸回家，专诸便立即罢手归家。根据明代王鏊《姑苏志》记载，专诸死后葬在胥门内伍子胥庙附近，但也有说其实是葬在专诸巷内。不过关于专诸，最有名的还是他用鱼肠剑刺杀吴王僚的故事。

专诸是春秋时期吴国棠邑人，自小便很勇猛，敢和比他大很多的孩子打架。长大之后更是无人能敌。但也因其常常惹事，直到20岁也没有人敢把女儿嫁给他。有一日，专诸又在街头撒泼，与人打群架，行人们纷纷躲避。河沿边一群正在洗衣服的少女见此情景也纷纷尖叫着跑开，但有一名女子并不躲闪，只是静静地站在那里看着领头的专诸。专诸很奇怪，就走到她面前恶狠狠地问："你知道我是谁吗？看到我们打架难道不害怕吗？"女子平静地回答道："我知道你是专诸，但我也知道真正的勇士不会在大街上打架耍横却不去为国尽忠效力。我今天只看到一个无赖，无赖有什么可怕的？"专诸听完大惊失色，呆呆地站在那里说不出一句话。回到家以后，专诸辗转反侧不能入眠。第二天，他托人打听出那是谁家的姑娘后，便去提亲。出乎意料的是，那女子竟

专诸巷

然不顾父母反对，同意嫁给专诸，只是提出了一个条件："凡是我在的时候他都不可以打架。"专诸听后立刻就同意了。成亲之后的专诸像是变了一个人，再也不出去和人斗殴，反而变得老实勤恳，与人为善。

有一回，专诸所在的村子和邻村发生纠纷，乡人请他前去帮忙教训一下邻村的人。专诸经不起再三劝说，正巧妻子也不在家，就随众人去了。双方见了面，言语不合眼看要动起手来，专诸盛怒之下，表现出了万夫难敌的气势，就连天上的行云在那一刻都似乎为之停步。邻村的人吓坏了，就在大家以为下一秒专诸就要动手的时候，专诸的老婆赶了回来，她在后面轻轻地叫了一声："专诸！"专诸的气焰立刻就消了下去，跟着老婆回家去了。从楚国逃亡到吴国的伍子胥碰巧看到了这一幕，十分惊讶于专诸的勇武气势，并与之结交为友。后来，伍子胥准备将专诸作为刺客介绍给公子光，专诸有些犹豫，他将此事和妻子商议，妻子对他说："我听说真正的义士会为了朋友两肋插刀，百死无憾；真正的英雄也不会在乎生前如何，只求身死之后能占据史书半页。"听了妻子的话，专诸立刻回了伍子胥，表示愿意为公子光效力。不想回屋之后，却发现妻子已经悬梁自尽。专诸明白妻子这么做是为了不让他违背诺言，也想让他没有后顾之忧地做事。

之后，专诸便一心想完成自己的使命。因为吴王僚爱吃烤鱼，于是专诸在太湖边上学了三个月的烤鱼。吴王僚十二年（前515年），吴国大举进攻楚国，吴王僚派遣亲信出征。公子光认为时机已经成熟，就在家中摆下宴席招待吴王僚。吴王僚穿了三层的棠甲铁衣，携带一队亲信重兵前往公子光的府邸。公子光见这阵势，以为是刺杀的事情败露了，打算取消行动。专诸劝阻他道："我看吴王僚的样子并不像是知道我们要暗杀他。而且如今箭在弦上，不动手已是不可能了。"于是，酒至半酣，公子光借脚伤离开宴席。专诸把鱼肠剑裹在烤鱼里端至吴王僚的面前，趁吴王僚准备撕开烤鱼的时候，专诸掰开鱼身，抽出鱼肠剑，一剑刺穿了吴王僚的三层铠甲，力透后背。反应过来的左右侍卫纷纷上前，乱刀砍死了专诸。此时，公子光也发动了预先埋伏好的手下，消灭了吴王僚的全部随从，并自立为王，也就是吴王阖闾。

苏州"羊王庙"是寺庙吗

在苏州市带城桥路银杏桥北端有这样一条街巷，东起带城桥路，沿南园河向西，与南阳街东口相接。整条街巷长405米，宽4米，沿河蜿蜒，过河便是南园。这条街巷还有一个有趣的名字——"羊王庙"。一条街巷为何要起一个寺庙的名字？而这名字中的"羊王"又是指谁呢？

羊王庙这条街巷的来历可不简单，曾经在这条街巷上有过两座"羊王庙"，供奉的都是苏州百姓极为爱戴的大人物。西侧的羊王庙被称作"羊太傅庙"，供奉的是晋代太傅羊祜。他与吴将陆抗在襄阳列兵对阵，轻裘宽带，身不披甲，俨然一派儒将风度。羊祜虽为吴国敌将，但经常善待甚至释放吴国俘虏，厚葬在战争中牺牲的吴国兵士，还送回陆抗在围猎时负伤逃入他阵地内的全部飞禽走兽。虽各为其主，但陆抗非常敬佩羊祜的德行，羊祜也视陆抗为挚友。双方常常互赠美酒、药

羊王庙

物，互不猜忌，成为战争史上少有的佳话。据说吴人有感于此，奉之以羊太傅庙，以示崇敬。东侧的寺庙被称为"羊太守庙"，祭祀的是南北朝时期刘宋王朝的羊玄保。羊玄保任吴郡太守时，心系百姓，十分清廉。《姑苏志》记述："刘宋时羊玄保守吴，廉素寡欲，去后民思之，故立为祠。"《南史·羊玄保传》这样评价他："历……吴郡太守，文帝以玄保廉素寡欲，故频授名郡。为政虽无殊绩，而去后常必见思，不营财利，产业俭薄。"封建社会，在动荡的时局和腐败的朝政风气下，羊玄保任职期间虽然没有什么惊天动地的政绩，但能做到节俭民财民力，不谋私利，专注百姓也实属不易，不然百姓们也不会感恩戴德，设立庙宇祭祀这位

羊太守。

千百年来，这两位受人尊崇的羊王一直被视为忠义的化身，在他们身上所展现的"忠义仁德"也一直为吴地百姓推崇和敬仰。如今，虽然这两座羊王庙已经不在了，可羊王庙的名字却和这条街巷紧密相连，一直保留。或许是苏州百姓不愿忘记两位先人对苏州的贡献和功绩，也或许是想要提醒后人，先人和庙宇虽已逝，但他们的精神品质和百姓对他们的爱戴、怀念，会如这街名一般永世长存，万古流芳。

苏州"大儒巷"居住的是哪位大儒

位于临顿路南段东侧的地方，有一条街巷名为"大儒巷"。大儒巷东起平江路，西至临顿路，全长403米，宽7.3米。街巷南侧原有一条河，在1958年被填没。大儒巷原名为"大树巷"，因其巷中的大刹昭庆寺里有一棵参天古银杏而得名。到了明代，巷中住进王敬臣，世人称之为"大儒"。后来，王敬臣开馆广收门生，讲授"慎独"学问。一时间，王家门庭若市，"大树巷"也就此改名为"大儒巷"，并沿用至今。清康熙年间的《苏州府志》记载："大儒巷以明代大儒王敬臣居此，故名。"

大儒巷

说到王敬臣，就不得不提一下他的身世经历。王敬臣，字以道，号少卿，是苏州人，明嘉靖年间的贡生。万历中，受荐于国子监博士，但王敬臣辞而不就。到了万历二十一年（1593），巡按御史甘士介继续推荐，但吏部认为：此时的王敬臣已八十岁，不宜担任官职，不如以优礼相待。王敬臣的学说以"慎独"为先，并在家乡开馆讲学，先后收门生四百余人。学者们都称他为"少湖先生"，时人誉其为"大儒"。王敬臣一生著有《礼文疏节》《家礼节》等，只可惜均已散失，仅存有《俟后编》六卷。

除了学问高深为世人所推崇，王敬臣的仁孝之名更是受人敬仰。王敬臣的父亲曾患有疽背之疾，为帮父亲减轻痛苦，王敬臣常常用嘴对着父亲的背疾处吮咂，吸出脓水，使得父亲渐渐康复。父亲患了瞽眩病不能正常行走时，为了能更好地照顾父亲，王敬臣每晚都睡在父亲床边的地下，衣不解带，哪怕是深夜，只要听到父亲的咳嗽声就立刻爬起来悉心服侍。不仅对亲生父亲尽心尽孝，王敬臣对待继母也十分细心孝顺，就像对待亲生母亲一样精心侍奉。王敬臣的孝行闻名乡里，大家都称他为"仁孝先生"。明万历年间，苏州知府朱文科还曾特地为他立牌坊，并亲笔题名"仁孝坊"，后在1966年更名为"迎晓里"。

除了曾居住过王敬臣这位大儒，大儒巷还曾住过一位在苏州当地很有名气的商人丁春之。丁春之是苏州早期的民族资本家，在民国时期创办了苏州第一家民办电气公司，与日本人分庭抗礼，开展竞争，并取得全胜，大大长了中国人志气。

为什么说苏州仓街是张士诚所创

苏州仓街是苏州古城中一条历史悠久、文化深厚的街道。其位于古城东侧，南出干将东路，北穿白塔东路，经桥湾街、石板街至东北街河，全长1286米。据王謇的《宋平江城坊考》记载，宋代吴中军制是以雄节为南营，全捷为北营，威果为中营。威果的二十八营皆在仓街，仓街南首的顾亭桥便在东营门口，因此仓街在过去也被叫作"东营街"。

在苏州当地，一直流传着这样一个关于仓街的传说。相传元末时期，张士诚率领江南一带的农民起义，在带领起义军攻下平江、松江、常州之后，张士诚决定以平江，也就是如今的苏州为都城，自立为吴王。与

仓街

此同时，另一个农民起义军的领袖朱元璋在击败其他义军之后，打算一统天下。他发兵攻打平江，两军交战很久，却难分胜负。朱元璋命令手下大将徐达把平江城围得水泄不通，企图使张士诚因炊断粮绝而出城投降。有一谋士向张士诚献策，建议他在城内的空地上大面积种植水稻，以获得军民所需的粮食。张士诚听后，立刻派人开辟南园和北园的荒地，发动士兵和百姓种植水稻，并在城东的荒地上建起了多个仓库，作为储存粮食之用。仓街便因此而得名。后来，朱元璋建立了大明王朝，南园、北园继续种植着水稻，城东的仓库也被保存了下来。清朝时期，长洲、元和两县的官仓也建在这里，仓街之名可谓是实至名归。

仓街有许多水质清澈的古井，而且各有各的来历。例如仓街136号有一口双眼"义井"，内圆外八角，井栏均为水泥仿石，并刻有"留韵义井·沈惺叔"等字样。这义井是钱庄老板沈氏因老来得子，发愿行善，按照吴中传统民俗，开凿义井方便民众为善行。于是沈老板便捐资在苏州城内建造了18口义井，如今尚存的仅有6处。仓街31号前还有一口"洙泗泉"，内圆外六角，井栏为花岗岩所筑，并雕有花纹。"洙泗"是古代儒学的代称，苏州城内从前有两条"洙泗巷"，仓街这里又有一口"洙泗泉"，可见当时文风之盛。在吴中方言里，"井水"与"进士"的读音相近。传说，读书人若饮用此井水，有助于考中进士。除了上面提到的水井外，仓街还有"官井""福寿泉"等古井，虽历经百年，井水依然清澈如旧。

你知道"菉葭巷"的菂溪宋氏一族吗

在苏州的众多街巷名中，"菉葭巷"这个名字似乎最符合江南水乡的诗情画意。菉葭巷西起临顿路，东至横跨平江河的通利桥，全长415米。原本南侧相邻一河，但河道于1958年被填没，如今已无缘得见。据《吴县志》记载："陆家巷，今菉葭巷。"其实，菉葭巷原名为"陆家巷"，只因巷内居住着陆姓的大户人家而得名。后来，根据吴语谐音，雅化为"菉葭巷"。菉豆，即绿豆；葭，指初生的芦苇。"菉葭"两字借鉴了《诗经·蒹葭》中"蒹葭苍苍"一句。

说起菉葭巷，就不得不提宋家。如今的宋氏旧宅位于菉葭巷53号的前门，从曹胡徐巷76、80号可分别进入宋家的两栋老宅。经历过后人数次修缮，已看不出旧时的繁华模样，只有厅堂地上那破损却又光亮的青砖和屋角偶尔出现的几张形状各异的旧桌子，提醒着人们这座宅院昔日的生活景象。

根据《长洲宋氏世谱》记载，菉葭巷的宋氏原本居长洲县甫里，明景泰、嘉靖年间，宋泰迁居葑门新造桥，后代子孙遂自称葑溪宋氏，祠堂也被设立在今吴衙场36号。宋氏发展到后来，定居于此的家族成员遍布苏州大街小巷，绣线巷、景德路、十梓街、葑门、胥门、东北街、菉葭巷等地有多处分支。

葑溪宋氏一族自清代以来，人才辈出，文臣武将皆有功绩。其中最为著名的便是葑溪宋氏第四代传人宋学朱。宋学朱是崇祯四年（1631）进士，曾抗疏劾论杨嗣昌、田维加有功。崇祯十一年（1638），宋学朱冬巡山东，闻听清兵南下，直逼济南。宋学朱连忙赶回济南，以济南城内五百兵丁和莱州的五百援兵不分昼夜死守城门，以待援兵。只可惜，援兵久久未到，宋学朱与将士们苦苦守卫几个月，终是寡不敌众，于次年二月被清兵攻破城门。城中士兵几乎全部牺牲，宋学朱也战死沙场。当时未能找到宋学朱的遗体，明廷不能确定其生死，故没能及时赐封，直至福王时才赠予大理寺少卿，并于阊胥路上的宋家弄建立衣冠冢，建造祠堂以供祭祀。

宋学朱之子宋德宜在康熙年间，累迁内阁学士，授编修，历官吏部尚书、文华殿大学士加太子太傅。其兄宋宓官至兵部左侍郎。其子宋骏业文武双全，善山水，曾参与纂辑《佩文斋书画谱》。咸丰年间，宋氏更是出了一位大儒——宋省卿。宋省卿文才甚佳，常以孔孟之道教书育人，以"诗书继世长，忠厚传家久"等箴言警语勉励后代。宋省卿在世时创立了以棠棣之花为寓意的"棣华堂"，目的是要子孙后代团结骨肉至亲，凝聚手足之情，彼此互敬互爱。即便是现在，他所创立的"诵诗达政，忠厚传家"仍是宋家祖训的内涵。清末，宋省卿的长孙宋希尹自费去日本学习，就读于早稻田大学。学成归来的宋希尹不仅办起学堂教书育人，还扶贫济困，每到秋冬之交，便会在菉葭巷西口设立发放点，为苏州城东仓街一带的贫民及外来人员施粥施衣。原来菉葭巷河畔没有栏杆，时常有人不慎落水身亡，宋希尹就在河边竖立了三个1米多高的花岗石七如来莲花经幢。街坊邻里敬仰其德行，都亲切地称他为"福老爷"。

大、小新桥巷中"百龄泉"是怎么来的

在苏州城的街巷之中，有这样一对街巷，它们分别名为"大新桥巷"和"小新桥巷"。大新桥巷西起平江路，东至仓街。而与大新桥巷隔仓街相望的小新桥巷则是西起仓街，东至内城河，两条街巷首尾相衔。据明初卢腾龙等修的《苏州府志》记载，大新桥巷和小新桥巷原本只是一条街巷，名为星桥巷，因附近有星桥而得名。后来一分为二，分别更名为大新桥巷和小新桥巷。

百龄泉

在小新桥巷的西端有一方井台，上面的连体双眼老井与仓街的"福寿泉"类似，井沿刻有"百龄泉""民国二十二年"等字样，并刻有造井人"陆志高""姜仲明"二人的姓名。关于这处"百龄泉"，苏州当地还流传着一段感人的故事。

相传1933年，当时振亚丝织厂的老板陆志高和妻子姜仲明二人年龄相加正好满百岁。为了庆贺和纪念这一巧合，他们决定施善于邻，造福乡人。于是便捐资凿造了这一口具有特殊意义的连体双眼井，井台上面铺砌着鹅卵石，井沿周围以铁栅栏围设。每天都有陆志高雇用的专人

来开启铁门，供周围乡邻前来提水。如今，铺满井台的鹅卵石和周围的铁栅虽早已不见，但这口井中的井水却依然清澈如故，即便是碰上大旱之年，"百龄泉"也从未干涸过。即使已过了百年，附近的居民仍然习惯来井台挑水洗衣。而陆志高夫妇的后人，即便是远在国外，也时常不远万里地奔赴苏州，到小新桥巷"百龄泉"这里汲水思亲，缅怀先人与往事。

苏州的山水与人文

提起苏州，人们的第一印象便是一幅青山古道相映、小桥流水人家的江南风情画。太湖是江南之母，吴中是太湖之心。作为"园林之城"的苏州，自古以来便是皇室南巡和文人墨客的必经之地。"咫尺之内再造乾坤""江南园林甲天下，苏州园林甲江南"……来自世界各地的赞美与褒扬却未曾让这座古城有丝毫的骄躁之气，一如千百年间的古朴温婉，自然柔美。

"拙政园"的奇怪魔咒、"网师园"的命运多舛、灵岩山的"十二奇石"、上方山的"五显老爷"……苏州的一山一水，一石一木，既有大自然的鬼斧神工，也有先人前辈的匠心独具。周庄故事里的"聚宝盆"、"九如巷"里的传奇爱恋、"横塘驿站"的兴衰更替、"木渎古镇"走出的风云人物……古老的苏州城有的不只是秀美的湖光山色、古典园林，更为丰富的是它的人文底蕴，是那些沉淀了历史的兴衰过往，承载了万事万物的平和之心。

"山水苏州、人文吴中"，苏州人始终坚持信念，用自然资源和人文底蕴为祖国山河描绘着一个更加美好的未来。

苏州的山水园林

苏州的"拙政园"是谁住谁倒霉吗

拙政园位于苏州东北一带，占地5.2公顷，分为东、中、西三部分，是苏州现存最大的古典园林。全园以水为主题和中心，山水萦绕，花木繁茂，景色绝佳，具有浓郁的江南水乡特色，并与北京颐和园、承德避暑山庄和苏州留园一同被誉为"中国四大名园"。

拙政园除了绝美的风景和精巧的设计闻名天下外，有关它"谁住谁倒霉"的魔咒也一直让人们津津乐道。

拙政园的名字源于晋代潘岳《闲居赋》中的一段话："筑室种树，逍遥自得……此亦拙者之为政也。"拙政园第一任园主是王献臣，在他去世一年后，他的儿子就因为一夜豪赌把整个园子都输掉了，王家也自此衰落。后来的曹氏家族不仅富甲一方，更是贵为皇亲贵胄，可是自打住进了这个园子，家道渐渐中落，到了曹雪芹这一代更是晚景凄凉。500年间，拙政园不断易主，也不断传出侍妾投井自尽、儿童意外溺亡等事件，与其寓意"逍遥自得"的名字丝毫不相符合。

于是有人说，虽然历代拙政园的园主非富即贵，但为何都是谁住谁倒霉？有人说是"拙"字的寓意不好，有"挥手即出"的意思。有人说是拙政园门口的缀云峰煞气很重。还有人说拙政园的某些设计也颇为古怪。例如本该放置在屋后的瑞兽"龙龟"形象的双龟假山，竟然被摆在

拙政园一角

了前院；拙政园的池塘面积约占总面积的三分之一；拙政园的建筑屋顶采用的是歇山顶技艺，这种技法在古代只有皇宫寺庙才有资格使用，普通人家如果使用会被视作"逾制"，就像第一任园主王献臣，虽然身为御史又曾做过锦衣卫，却还是因此被东厂弹劾问罪，不得不辞官告老还乡。

关于拙政园"谁住谁倒霉"的谜团，众说纷纭。不过好在如今的拙政园已经不再是私家园林，而是苏州有名的风景区。每年慕名而来的游人络绎不绝，他们纷纷前来一睹江南园林的风采，探索那些神秘怪异的故事。曾经最为有名的，传言时常有鬼魂出没的六角门已经从大书房搬到了苏州园林博物馆里。拙政园内还栽梅养鹤，每年一月份，蜡梅绽放，香气满园，是冬游拙政园最大的看点。只是有句古话讲："梅花家里栽一年，霉到卖屋又卖田。"如此看来，拙政园还是作为风景名胜用来观赏最为合适。

苏州"狮子林"是被一位状元"抢"走的吗

狮子林是苏州四大名园之一，同时也是世界文化遗产、国家AAAA

级旅游景区。作为中国古典私家园林建筑的典型代表，狮子林始建于元至正二年（1342），位于今苏州市城区东北角园林路3号。整个狮子林呈长方形，东西面稍宽，全园占地约1.1公顷，作为景区的开放面积有0.88公顷。取名为"狮子林"，一是因为园内"林有竹万，竹下多怪石，状如狻猊者"；二是因为天如禅师唯则得法于天目山狮子岩的普应国师中峰，为纪念承袭其衣钵和这段师徒关系，便取佛经中的狮子座之意。

狮子林

　　狮子林历史悠久，几经兴衰变化，其中的寺、园、宅建筑分而又合，逐渐形成了将传统造园手法与佛教禅意美学相互融合的一种新的建筑理念。后来到了近代，贝氏家族又将西洋造园艺术和家祠理念引入狮子林中，最终使其成为一座融禅宗之理、中西园林之乐于一体的寺庙园林。

　　不过最有趣的要数狮子林和状元郎的传说了。话说在清乾隆年间，苏州狮子林附近出了一位状元，名叫黄熙。那个时候的狮子林还是狮林禅寺的后花园，黄熙从小就喜欢到狮子林里玩耍，寺里的住持很喜欢他，有一日便和黄熙开玩笑说："既然你这么喜欢这座花园，那你可要好好读书，若是你将来中了状元，我就把这座园子送给你。"住持只是说笑，可当时还是孩子的黄熙却牢牢记住了这件事。后来黄熙发奋读书，果然考中了状元。却不想，住持却再也不提当初说送花园的事了。

后来，正值乾隆皇帝下江南。他听说城北有座出名的狮林禅寺，便想去游玩。住持听说皇上要驾到，有些慌张，不知该如何接驾。突然想起黄熙书读得多口才好，又见过不少世面，便让小和尚将黄熙请了过来，随自己一同接驾。乾隆皇帝到后，黄熙和住持带着一众和尚毕恭毕敬地将乾隆皇帝引进后花园。花园内峰回路转，设计巧妙，再加上黄熙对狮子林生动的解说，乾隆皇帝越听越觉得有趣。后和众人穿过假山，歇息在一个亭子内，随口问道亭子叫什么名字。黄熙连忙回禀道："这个亭子尚未取名，请圣上为它起个名字吧。"于是，乾隆皇帝叫手下的人取来了文房四宝，准备给这个亭子取个好名字。可惜他搜肠刮肚，想了好久也想不出个合适的名字，一时觉得尴尬，就胡乱写下了"真有趣"三个字。

黄熙在一旁看见圣上竟然题了个不伦不类的名字，这要是挂出去，不得贻笑大方啊！于是他灵机一动，上前说道："臣见圣上御题，笔笔铁划银钩，字字龙飞凤舞，其中这个'有'字更是百媚千态，故臣冒昧，胆请圣上将这个'有'字赐给小臣吧。"皇上题了"真有趣"三字后，也有些后悔，正想改一改，听黄熙这么一说，立刻点头应允了，在"有"字旁题了一行小字："御赐黄熙有。"当场就裁了下来赏给黄熙，并把"真趣"两字留下来做了那座亭子的匾额。

待乾隆皇帝走后，黄熙就把这个"有"字帖在花园的园门上，还叫家人马上把家具都搬到园里。狮林禅寺的住持见状十分奇怪，拦住黄熙问他："你怎么把家私都搬到园子里来了？"黄熙指着园门，对住持说道："'御赐黄熙有'这几个大字你没看见吗？你阻止我可是要违抗圣命？"住持一看，自知吃了个哑巴亏。从此之后，狮子林就和狮林禅寺分了家，成了黄熙的私家花园。

你知道"留园"的奇石传说吗

中国四大名园中苏州的园林就占了两个，可见在园林艺术方面，苏州人别具匠心的设计让中国乃至世界都叹为观止。之前提到过苏州拙政园的魔咒，接下来要介绍的这座留园也是故事不断，颇具传奇色彩。

留园位于苏州阊门外留园路338号，占地面积约为23300平方米，是典型的中国大型古典私家园林。留园建造特点属于清代风格，整个园子分为四个部分，东部以建筑为主，中部为山水花园，西部是土石相间的大假山，北部则是田园风光。园林布置精巧，层次分明，厅堂宽敞华丽，庭院富有变化，建造者运用各种艺术手法，采用有节奏、有韵律的园林空间体系，将留园的美景打造得丰富多彩，无与伦比。

留园

留园一向以布置精巧、奇石众多而驰名中外，说到园内奇石，就不得不提太湖石之首的"冠云峰"。

留园内的冠云峰集太湖石"瘦、皱、漏、透"四个特色于一身，一向被视为太湖石中的绝品。相传，这块奇石是北宋末年"花石纲"中的遗物。在北宋末年，金兵压境，战事吃紧，民不聊生。可皇帝宋徽宗却仍在京城大兴土木，建造"延福宫""万寿山"，并下令在全国范围内征集奇花异石，誓要集天下珍品于宫廷之中。到了崇宁四年（1105），宋徽宗下令在苏州设立苏杭应奉局，专门负责搜罗奇花异石。时任苏杭应奉局的主管名叫朱缅，此人最善阿谀奉承，巴结上级。他上任之后，大权在握，便以采办"花石纲"为名，拼命搜刮民脂民膏。只要百姓家中有一石一木被看中，他便立刻派兵上门抢夺，谁敢反抗，就以对皇帝"大不敬"罪名下狱治罪。为了搬树移石，朱缅还派人拆掉周围民居的围墙甚至房子。朱缅如此恶行，百姓不堪忍受，最终激起了方腊为首的农民起义，当时起义军的一个口号就是"杀朱缅"。同时，苏州地区也爆发了以石生为首的农民起义。而如今所见的冠云峰就是当年朱缅未来得及运送至京城的"花石纲"遗物。

另一块在留园内同样和朱缅有关的奇石，名叫"瑞云峰"，关于它的来历就更为传奇了。

话说当年朱缅在太湖中采得两块很奇特的湖石，分别命名为"大谢姑"和"小谢姑"。"大谢姑"先运往京城，深受宋徽宗喜爱。可"小谢姑"在装船过程中却突然连船带石都沉没到太湖深处。朱缅派了很多人前去打捞，奇怪的是寻遍了周围水域，就是找不到这块奇石，仿佛它自己"游"走了一般。朱缅没办法，只得放弃了打捞计划。

明朝时，吴县陈姓人氏有幸在西洞庭山找到了这块"小谢姑"。陈氏欣喜若狂，连忙雇人将奇石装载上船，运往苏州。这时奇怪的事情又发生了，"小谢姑"装载上船后不久，突然船舱破漏，奇石又落入了湖底。陈氏命人打捞了半天仍是一无所获，他狠下心，花了大价钱在"小谢姑"沉没的四周筑立堤围，并将围中之水抽干，这才将"小谢姑"找到并运回家中，安置在堂屋前。

又过了一段时间，浙江富商董氏花费巨资从陈氏手中买下了这块奇石。最不可思议的事发生了，在运输奇石的途中，运石船第三次沉没了。董氏费了好大的力气才将"小谢姑"打捞上来，之后董氏将此石赠送给女婿徐泰时，请徐泰时将奇石安置于自己的"东园"内，也就是现在的留园内。后来，乾隆四十四年（1779），苏州地方官为迎接乾隆皇帝南巡，装修行宫，特将此石从留园搬移至行宫内，直到现在。

"网师园"是苏州最命运多舛的园林吗

苏州的网师园虽然不及拙政园、留园那样驰名中外，却也是苏州首屈一指的中型古典山水园林。坐落在苏州市城区东南部带城桥路阔家头巷11号的网师园，始建于800年前的南宋淳熙年间。当时被弹劾罢官的吏部侍郎史正志，心灰意冷地回到家乡苏州闭门读书，并由此建立了可列书四十二橱的"万卷堂"和遍植牡丹的花圃"渔隐"。根据明代《姑苏志》记载："正志，扬州人，造带城桥宅及花圃费一百五十万缗。仅一传，圃先废。"只可惜到了后来，史侍郎不得不将花圃以当时成本的百分之一价格卖给了常州丁氏，而丁氏也因经营不善，又将花圃转手他人。史侍郎万卷堂中的珍本也未能幸免于难，贱卖于众人，未能保全。如此便是网师园的前身。

到了清乾隆年间，光禄寺少卿宋宗元回到家乡苏州，因其年少时经常去万卷堂故址游玩，所以在致仕以后就买下了这块地产，作为奉母养亲的地方，并取名"网师小筑"。"网师"是苏州人对渔夫的别称，还有一种更好听的叫法是"渔父"。宋宗元将此处遗址改建为园林，既作为自己的居所，也是退休之后的社交之地。宋宗元的邻居沈德潜是乾隆时期有名的诗人，他的姐夫彭启丰则是状元郎，文化人和文化人在一起，每日除了琴棋书画，就是诗酒论茶。惋惜的是，宋宗元在69岁那年因病去

网师园

世，他的儿子没钱了就卖房子卖地，没过多久，一半的产业就归了别人。于是网师园再度荒废，风光不再，成了无人问津之地。

但网师园坎坷的命运远未结束。乾隆末年，太仓富商瞿远村将网师园买下，并请工匠将园子修复。虽然瞿远村重修时并未将园子重新起名，但换了主人，这园子在外人口中便成了"瞿园"。重修之后的网师园遍植牡丹、芍药，又恢复了宋时的富贵景象，也有了"看花车马声如沸"的喧闹。可惜好景不长，瞿氏拥有网师园的光景不过30年，在道光初年转手给了天都吴氏。到了同治初年，网师园又归江苏按察使李鸿裔所有。因为位置与苏舜钦所建的沧浪亭十分相近，因此李氏自号为"苏邻"，并将园名改为"苏邻小筑"。之后，网师园又几次易主，民国时期被张作霖以30万银元购得，作为七十大寿的贺礼被赠予其师奉天将军张锡銮。只是在拥有网师园这5年里，张锡銮一天也没住过网师园。淞沪抗战爆发后，著名作家曹聚仁移居网师园。当时，各方名流如叶恭绰、张善孖、张大千等人都被网师园所吸引，特别是张氏兄弟，不仅在网师园居住了4年，还在此豢养了一只老虎。

抗日战争爆发前，张氏兄弟先后离去，园主人也家境中落，于是网师园在1940年又换了新主人——何亚农。何亚农喜欢收藏文物书画，他费时3年，全面整修网师园并充实古玩书画。

新中国成立不久，有人在何亚农园的房子里发现了许多书画、石章和瓷器等藏品。而何亚农已在早年病逝于北平，他的儿女也已出走四方。当这批秘藏被发现后，何氏后人便将这些珍贵的字画瓷器连同网师园一起捐献给了国家，如今仍旧珍藏于苏州博物馆内。

80 太湖本是王母娘娘的"银盘"吗

太湖是江南之母，吴中是太湖之心。位于长江三角洲南缘的太湖又名五湖、笠泽，横跨江苏、浙江两个省份，北临无锡，南濒湖州，西依宜兴，东近苏州。湖泊总面积达2427.8平方公里，湖岸线全长为393.2公里，是中国五大淡水湖之一。

自古以来，太湖风光就是文人墨客、名流雅士最为欣赏赞美的对象，而太湖丰富的水产更是养育了周围世世代代的渔民，为人们带来富足与安康。在传说里，太湖也是王母娘娘的珍宝。

在很久很久以前，王母娘娘在天庭举行蟠桃大会，邀请了各方神仙前来参加。这蟠桃乃是王母娘娘精心所植，凡人吃一颗便可长生不老，神仙吃了能大大地增进修为。如此，前来参加宴席的诸路神仙便不好意思空手而来，势必要为王母娘娘准备礼物。这下玉皇大帝可就有点头疼

太湖

了，他的礼物既要拿得出手，又得新颖气派，最好还能对部下有些威慑力。他想了整整六六三十六天，挑选了七七四十九名能工巧匠，用了八八六十四天的时间，花费了九九八十一斤白银，浇铸完成了一只大银盘。玉皇大帝还在自己的宝库里挑选了七十二颗最漂亮的宝石，命司工天神将宝石雕刻成千姿百态的动物模样，镶嵌在银盘之上。

等到了蟠桃大会那一天，诸路神仙各显神通，纷纷向王母娘娘献上自己的宝贝。太白金星献上一对玉如意，托塔李天王奉上的是一颗硕大无比的夜明珠，天蓬元帅双手捧上的是一个玉枕……王母娘娘一一看过，频频颔首微笑。到了最后，该玉皇大帝献上礼物了。玉皇大帝面上不动声色，命四大金刚小心翼翼地将盖着块大红绸的银盘抬出。王母娘娘有些好奇，待到玉皇大帝把红绸轻轻挑开的那一刻，王母娘娘和在场的众神都惊呆了。这银盘无论是工艺还是价值都极尽奢华，无可挑剔，特别是上面炫目的宝石，以银盘作为背景，每只动物都雕刻得栩栩如生，气派非凡。不过就在大家宴饮正酣，鉴赏各种宝物时，一位不速之客却到了。原来，王母娘娘请了各路神仙，却唯独没有邀请当时只是小小弼马温的孙悟空。孙悟空得知蟠桃宴自己没有被邀请，不由得大怒，掏出金箍棒，一路打打杀杀直奔宴席而来。他在宴席上不管三七二十一，看到什么就砸什么，一直打到王母娘娘的面前。众天神挨打的挨打，逃跑的逃跑，哪里拦得住他。孙悟空看到王母娘娘面前有一个明晃晃的大银盘，也没多想，便一棒打飞。银盘从天上直直坠落凡间，因为巨大的惯性，在大地上砸出了一个大坑，白花花的银子化作了清澈见底的流水，从而形成了一个大湖，也就是现在我们看到的太湖。而那七十二颗宝石则变成了七十二座山峰，其中最大的一颗化作了现在的太湖第一峰——缥缈峰。

你知道苏州"金鸡湖"名字的由来吗

苏州金鸡湖景区位于苏州工业园区，整个景区总面积约有11.5平方公里，分为文化会展区、时尚购物区、休闲美食区、城市观光区、中央水景区这五大功能区。作为苏州市民和外来游客最为喜爱的游玩景区之一，金鸡湖不仅有迷人的风景和现代化便捷的服务，还有许多神秘有趣的传说，让人们在感受这座景区迷人魅力的同时，更添了一份喜爱。

关于金鸡湖名字的由来，各种版本的传说真的是不胜枚举，其中最为人们信服的是下面几个版本。

一是说在很久以前，有一对老夫妻去湖中打鱼，偶然发现湖中心有一只金光闪闪的金鸡。金鸡对夫妻俩说："哪里有光，哪里就会有鱼。"于是，老夫妻两人就按照金鸡的话去做，每天都能打到很多鱼。当地的地主觉得很奇怪，就派人跟踪他们，知道了这件事。地主十分贪心，他觉得金鸡才是最值钱的，于是就驾船去湖里准备把金鸡捉回家。却没想到在捕捉金鸡时，金鸡反抗掀翻了船，地主落水被淹死在湖中，金鸡也就此飞走了，再也没有回来。后来，渔民们在湖里捕鱼，每天都有所收获，渔民们认为这是金鸡赐予的，就把这湖称为金鸡湖。

二是说在春秋战国时期，吴王夫差有个漂亮的女儿名叫琼姬，琼姬自小聪慧过人，乖巧懂事，很受吴王的宠爱。可自从越国向吴王进献了美女西施之后，吴王夫差沉迷女色，不仅冷落了后宫其他人，连自己

金鸡湖

曾经最疼爱的女儿都不再理会，整日只知道和西施一起享乐游玩，不理朝政。琼姬虽然年幼，却一眼看出勾践进献西施实是别有用心，她几次面见父亲，劝说他要远离西施，不可耽于享乐，中了勾践的计。可吴王却始终不相信自己的女儿，反而听信西施的话，把琼姬赶到苏州城东湖泊中的一个荒岛上。后来，勾践率领越国军队攻打吴国的时候，吴王竟然准备把女儿送给勾践求和。琼姬知道这个消息后，痛不欲生，纵身跳进湖泊自尽。苏州百姓为了纪念琼姬，就把她自尽的湖泊取名为"琼姬湖"。而在音韵软糯的吴语中，"琼姬"念起来和"金鸡"的读音十分相近，以至于后来人们渐渐地就把"琼姬湖"称为"金鸡湖"了。

三是说在以前，曾有一个农夫乘着载有米粮的农船在湖中心划行。在行船中，突然有一只金鸡飞到船上，啄起船上的大米来。善良的农夫心想金鸡可能饿了，吃一些米粮也不打紧，就随手捧起米来喂金鸡，却不想一会儿的工夫，整船的米都被金鸡吃光了。这下农夫可傻了眼，他还要用这些米粮换钱来养活一大家人呢。正当农夫不知所措时，金鸡起身飞走了，但在飞走的同时从空中抛下了一条金链子，价值不菲。人们都说这是金鸡给农夫的补偿，感谢农夫的善心。于是当地人便因这美好的传说，将这片湖泊称为金鸡湖。

你听说过灵岩山上的"十二奇石"吗

位于江南水乡苏州木渎镇的灵岩山，素有"灵岩秀绝冠江南"和"灵岩奇绝胜天台"的美誉。在春秋时期，灵岩山本是吴王夫差馆娃宫的位置所在，也是越国进献西施的地方。当年吴越两国一战，以越国大败结束，越王勾践和大夫范蠡被抓成为俘虏，居住在石室之中，并向吴王夫差进

灵岩山

献了越国第一美女西施。吴王对西施甚是宠爱，为其在灵岩山上建造行宫，雕栏玉华，奢侈无比。吴人称美女为"娃"，于是行宫便取名为"馆娃宫"，后来的灵岩寺就是在馆娃宫的遗址上建造起来的。馆娃宫内有一条十分别致的长廊，廊下的岩石被凿空，石内放置了一排陶瓮，并在上面铺了一层有弹性的梗梓木板。旧时，西施与宫女们曼舞其上，每踏一步，都会发出木琴般的乐音，这条长廊也因此得名"响屐廊"。

灵岩山中多奇石巨岩，诸如蜿蜒攀游的石蛇、敲击有声的石鼓、状若发团的石鬈、昂首驼背的石龟、灵动机警的石兔、死生不离的鸳鸯石、面土背天的牛背石……怪石嶙峋，若众生百态，世间万象，更有"十二奇石"之说。

关于灵岩山的由来，有多种说法。一种说法是因为山上有座灵岩塔，塔前有一块"灵芝石"十分有名气，因此这座山便被叫作"灵岩山"。

去往落红亭的"百步阶"，是为清朝乾隆帝登灵岩山时所建筑的一段御道。在这条道旁有一处方形砖塔，为南朝梁灵岩山开山和尚智积的衣钵塔。在塔的南侧有一形似乌龟的巨石，翘首远望太湖，因此便有了"乌龟望太湖"之说。龟背上刻有"望佛来"的字样，还隐约有脚印，据说是当年西施常站在此石龟背上眺望故乡。

"狮子回首望虎丘"是怎么回事

虎丘距离苏州市区中心大约5公里，位于苏州城西北郊。本是苏州西山的余脉，但因虎丘周边地形比较独特，脱离了西山主体，因此看上去像是一座独立的小山。据《吴地记》记载："虎丘山绝岩纵壑，茂林深篁，为江左丘壑之表。"因此，虎丘便有了"吴中第一名胜"的美誉。苏东坡也曾因此处绮丽的景色而赞叹道："游苏州而不游虎丘乃为憾事。"

关于虎丘山名字的由来，在苏州当地一直流传着这样的说法。春秋时期，吴王阖闾去世之后，他的儿子也就是下一任吴王夫差，将其葬在此处。却不想在下葬后的第三天，有"白虎蹲其上"，因此便将此处改名为"虎丘山"。不过也有人说虎丘山得名是因为"丘如蹲虎，以形名"，整个虎丘的山体形状就像一只蹲着的老虎，故此得名。

虎丘山历经了两千多年的风雨巨变，也承载了两千多年的沧桑岁月，如今它能为我们呈现的不只有那些如诗如画的山水风景，还有那些穿越时空，超越真假，鲜活的、仿佛触手可及的传说。如同被凝固的时光，一一展现在我们面前，让人颇为感慨。

苏州阊门外，虎丘下临山塘，寒山铁岭里，狮子对峙枫桥。在虎丘有一"致爽阁"，名字取自诗句"四山爽气，日夕西来"，是虎丘山中

虎丘

最高处的一座亭台。在此处远望四周，便可看到狮子山，状若雄狮伏地回首，远眺虎丘。这便是虎丘山的著名景观"狮子回首望虎丘"。有关这处景观的传说有很多，最为广泛流传的有两个版本。

一是说，当年阖闾还是公子光的时候，曾命专诸刺杀吴王僚。专诸将鱼肠剑藏于烤鱼腹中，趁着上菜的机会，一剑刺死了吴王僚，专诸也被乱刀砍死。后来，阖闾将吴王僚葬于狮子山。阖闾去世后，他的儿子夫差将他葬于虎丘山，狮子山与虎丘山遥遥相对，因吴王僚是被人刺杀含恨而死的，所以人们说此处景观乃是狮子回首怒视虎丘。

二是说，当年秦始皇东巡途经虎丘时，听说阖闾葬于此处，便准备下令挖阖闾的墓，却看到一只白虎蹲坐在阖闾的坟上，于是秦始皇拔剑刺向这只老虎，但没有击中，一剑刺在了石头上，致使岩石陷裂成池，形成了"剑池"。后来，白虎占山为王，捕食附近的人畜，危害一方。西方灵山上的文殊菩萨曾在寒山寺"挂锡"，他的坐骑青狮听说此事后，十分厌恶白虎为祸百姓。于是，青狮趁文殊菩萨闭目养神休息的时候，偷偷离开山门，下到人间直奔虎丘，将作恶的白虎处死。却因归山时辰已过，来不及赶回文殊菩萨身边，触犯了佛门戒律，被贬落人间，只能化作一方形如卧狮的石山，日日回首，怒望虎丘。

苏州的山水与人文

85

穹隆山

苏州的穹隆山"藏龙卧虎"吗

在距苏州城20公里外的藏书镇内，有一座吴中地区最高的山峰，名为"穹窿山"。全山长7.5公里，主峰海拔为341.7米，为太湖东岸群山之冠，也因此有了"吴中第一峰"的美誉。穹窿山山势险峻，风光秀美，山上的古树成荫，生长着多达270种的名贵树木。不过，令人惊奇的是，穹窿山之所以名扬天下并不是因为它奇伟雄壮的景色，而是那些离我们远去却又被我们铭记着的故事，那些或叱咤风云，或流芳后世，或唏嘘世人的传奇人物，一直让我们口口相传，代代纪念。

穹窿山一直是一个卧虎藏龙的地方，相传当年齐人孙武为躲避战乱来到吴中地区，在穹窿山上依山而建了一座孙武苑草堂。这座五间开的茅屋背靠青山，屋前有一泓清泉潺潺而流，泉水源头从绝壁而出，并以竹筒相接，可谓是匠心独具。如今的孙武草堂内还摆放着春秋时期的古床、古凳、蓑衣、锄头，可以想象当年孙武隐居撰写兵书，与好友饮茶对弈的生活场景。

除了孙武，朱买臣也曾居住于穹隆山脚下。朱买臣自幼家境贫寒，靠打柴为生时就住在穹隆山脚下。他酷爱读书，经常在挑柴途中背诵诗文，被周围人讥笑为"书痴"。后来他怕别人嘲笑，就把书藏于山中，这就是"藏书镇"名字的由来。朱买臣的妻子嫌弃他40多岁了还一事无成，穷困潦倒，便逼他写下休书，弃他而去。却未料想到，后来的朱买臣在50岁时经人引荐竟被汉武帝任用为中大夫，朱买臣前妻闻听此讯后，追悔莫及，于是跑到朱买臣面前，求他不计前嫌，让其回朱家。当时骑在高头大马上的朱买臣想了一下，便叫人端来一盆清水泼在马头前，并对前妻说，若她能将泼在地上的水收回盆中，自己就答应她的请求。前妻听到朱买臣这么一说，就知道她再也不可能回到朱家了。她羞愧难当，不久就自尽了。

穹隆山上还有一条御道，与苏州地区其他御道不同的是，这条御道并未特意用青砖铺砌路面，而是用普通山石铺成，没有任何设计与修饰，只堆砌成"人"形花纹，寓意"万人之上"。原来这条路之所以被称为御道，是因为当年乾隆皇帝六次来穹隆山，都是从这条道上山，所以才叫它"御道"。

金庸笔下的"缥缈峰"是在苏州吗

喜欢武侠小说的朋友们一定知道金庸，而看过金庸《天龙八部》的人一定会对缥缈峰有所印象。金庸笔下的天山童姥就居住在缥缈峰上，那里被描绘成是虚实莫测、如梦如幻的仙境一般。而在苏州，就真的有这么一座若隐若现、风景绝佳的缥缈峰。

苏州太湖一向风云多变，周围的山峰时常隐匿于云雾之中，缥缥缈缈，时隐时现，缥缈峰便是由此得名。在缥缈峰顶有一块镌刻着"缥缈峰"三个字的鹰嘴状巨石，为李根源亲笔所书。此外，还有紫云泉、砥泉、仙人桌、登高台、望湖亭等遗迹。"缥缈晴峦"这一自然景观，雄伟壮奇，为西山八大胜景之一。

在缥缈峰上有一消夏湾，此处有一精致的亭台名为"饮泣亭"。据说在春秋时期，消夏湾是吴王夫差和西施每年避暑的地方。每年一到夏天，无论天气多么炎热，西施也一定要登上缥缈峰，望一望她日思夜想的越国。不知情的夫差以为她是喜爱这里的风景，便特地为西施在此处建造了一座亭子，并想了很多好听的名字，诸如爱妃亭、双翼亭、美女亭等，供西施挑选，可她总是摇头说不好。其实在西施心里早就想好了亭名，她想叫它"饮泣亭"，唯有这个名字才能道出她心中的苦楚。西施不敢告诉夫差，后来直到越国灭吴之后，她才将这个亭名告诉范蠡，由范蠡亲手题写亭名，并挂到了亭子上。

缥缈峰

在缥缈峰山腰处，还有一矩形石头，名为"棋磐石"。相传在很久以前，一位名叫陈浮德的樵夫，在上山砍柴时无意间发现山腰处有人在下棋。他十分好奇，便走上前去，暗暗观看。只见两个对弈者长得仙风道骨，与常人不同，但又十分眼熟，于是更加诧异。再看棋局，步步为营，险象环生，甚是精妙。就这样，他从晌午前一直看到太阳下山。直到一局结束，那两位对弈者拱手作别，陈浮德这才意识到时间不早了，自己也该回家了。他回头去捡地上的柴，却惊讶地发现用来捆绑柴枝的绳索已经全都烂掉了，就连砍柴的镰刀也生了锈。他急忙下山回家，却发现家里已经大不一样，邻居们对他说，他已失踪很长时间。这时，他才明白那两位对弈者不是凡人，而是吕洞宾和陈抟。他俩见陈浮德看棋局看得出神，便想点化他一番。正所谓"遇仙一日闲，世过百年天"。陈浮德将这段离奇的经历告诉了村里人，而"棋磐石"和它的故事也就这样流传了下来。

除了那些离奇的传说，缥缈峰最为人津津乐道恐怕要数它"九缸十三瓮的宝藏"。南宋时期，苏州太湖出了一个悍匪，名叫杨玄。他在缥缈峰顶建造了一座高塔，这个贼人可没有文人墨客的闲情雅致，他建塔不是为了欣赏周围的湖光山色，而是眺望太湖湖面，看有没有运载货物的船只来往行驶。若是有船只被他望见、盯上，他会立即派匪徒去大肆抢夺。在江南富庶之地，短短几年的抢掠，杨玄就积攒下九缸十三瓮的金银玉帛。后来，岳飞派兵到苏州剿匪，杨玄便将所有的金银玉帛藏在缥缈峰中，安置妥当后，他将所有参与藏宝的匪徒全部毒死。再后来，杨玄被捕处以斩刑，他死后就没人再知道宝藏的下落了，这个缥缈峰的宝库也就成为永恒的秘密。

"枫桥夜泊"是一首诗那么简单吗

　　"枫桥夜泊"和"卢沟晓月"，这一南一北相隔甚远的景物，却因为都发生在思绪烦乱、感慨万千的夜晚，而被赋予了相同的充满回味人生境遇的诗意瞬间。因唐代诗人张继的一首脍炙人口的诗《枫桥夜泊》，使得苏州的寒山寺、枫桥乃至渔舟灯火都闻名于世。随着岁月的流逝，"枫桥夜泊"也不再是一个简简单单的古诗名，而是中国人独特的温情记忆。

枫桥夜泊

　　构成"枫桥夜泊"的因素有很多，千年古刹寒山寺便是其中最为重要的部分。坐落于苏州城西古运河畔的寒山寺，始建于唐代贞观年间，由寒山、希迁两位高僧主持修建，距今已有1000多年的历史。寒山寺地处偏僻，附近既无雄伟壮观的高大建筑，也无可壮声色的名山大川，向来是海内外游客寻胜访幽的必选之地。

　　除却寒山寺，枫桥也是必不可少的。初见枫桥，你可能会惊讶，乍一看不过是一座极为普通的单孔石拱桥，与江村桥类似。桥身长39.6米，宽5.27米，横跨于京杭大运河至苏州城要塞上。枫桥的始建时间已经无从考证，只知道在清同治年间有过一次重建。桥身两面的上方正中央的位置横刻着"枫桥"两个红漆大字，桥头两侧各竖刻着一副短联，一边是"诸恶莫做，众善奉行"，而另一边是"万恶淫为首，百善孝为先"。绿树、石桥、白墙、黛瓦，纷纷倒映河中，清幽素淡，悠远静谧，最普通不过的事物，却构成了最美的风景。难怪历朝历代的众多诗人，诸如唐代的杜牧、韦应物，明代的唐寅、文徵明、高启等人，都在枫桥古镇留下了大量的吟咏诗作。如今在枫桥的一块长条形巨石上，还刻着唐寅游枫桥镇时题的一首诗："金阊门外枫桥路，万家月色迷烟雾。谯楼更残角韵悲，客船夜半钟声度。树色高低混有无，山光远近成模糊。霜华满天人怯冷，江城欲曙闻啼乌。"

"月落乌啼霜满天，江枫渔火对愁眠。姑苏城外寒山寺，夜半钟声到客船。"唐代诗人张继的《枫桥夜泊》是一首羁旅诗，精确而细腻地描述了一个客船夜泊者对江南深秋夜景的观察和感受。天已入秋，夜深霜重，明月也悄悄落下，只剩下一片无边无际、暗淡漆黑的天幕。许是就连树上的乌鸦也感受到了夜晚的萧索清寒，竟向着月落的地方凄凄地啼叫着。不远处的点点灯火，来自还未归家的渔船。辛劳的渔家为了生计而忙碌至深夜，客船上还未入眠的旅人又是因何而愁眉紧锁，辗转反侧。想着自己的心事，感受着秋夜的深寒和凄清，思绪更加纷乱难平。忽然间，一声声恢宏之音从远处的寒山寺悠悠传来，清晰入耳。钟声打破了宁静的夜晚，惹皱了一江碧水，却抚平了旅人惆怅的心绪。

你知道苏州上方山上的"五通神"吗

上方山位于苏州市西南方向的郊区地带，靠近石湖西北方向，为七子山的东北支脉。上方山历史悠久，风景秀丽，如今被开辟为上方山国家森林公园，并作为石湖风景区的重要组成部分向游客开放。拥有上千年历史的上方山，不仅有广阔丰茂的植被树林，还有承载着历史沧桑的御道古塔。这里的一花一木、一石一路，历经岁月的风霜洗礼，仍然吸引着人们去探索，去聆听上方山过去的故事。

乾隆皇帝一生六次下江南，来回之间有十二次到过苏州。苏州的古镇山丘、名胜古迹都曾经留有他的身影，位于上方山上的石湖御道就是当年专门为乾隆皇帝上山而铺筑的一条山路。这条御道以乾隆皇帝在苏州的行宫为起始点，一路蜿蜒至郊台，再攀岭而上，直上上方山。整条御道皆是由石片呈串珠状排列，一块块铺砌而成，每隔一段山路便能看见路面上镶嵌的吉祥图案，诸如麒麟、蝙蝠、双钱、宝瓶等。为了不耽误乾隆皇帝的行程，工匠们日夜赶工，如此浩大的工程竟只用时三天就完成了。

提起上方山，就不得不提"五通神"的传说。

在上方山上曾有一座五显灵顺庙，里面供奉着五通神，分别为显聪、显明、显正、显直、显德，合称为"五显"，又叫"五圣""五通神""五路财神"，也就是当地人常说的"五显老爷"。这五通神的来历较为复杂，虽然被人们尊称为"神"，但却是一群横行乡野、专事奸恶之事的妖鬼。人们畏其妖力，建庙祭祀是为了能安抚它们。于是，祭祀五通神的习俗便在江南地区广为流传。

苏州的人文景观

为什么说"未吃阿婆茶，不算到周庄"

周庄位于苏州昆山市，在春秋时期，此处原为吴王少子摇的封地，名为"贞丰里"。后来到了北宋元祐元年（1086），因周迪功先生捐地修建全福寺有功，因此得名为"周庄"。作为有"中国第一水乡"之称的江南小镇，无论是悠久丰富的历史文化，还是秀美独特的江南风貌，周庄都是古镇中的佼佼者。这座历经百年风云变幻的古镇，不仅是吴地汉文化的代表，更是中国水乡文化的瑰宝。在周庄如诗如画的岁月里，隐藏着许多不为人知的传奇故事，无论你是否去过周庄，读罢这些故事，你会惊讶地发现，周庄远比你见过或是想象中的更美。

虽然周庄之名的由来在史料上已有所记载，但在苏州当地，一直广为流传着这样一个版本：相传，明武宗朱厚照下江南游玩，不慎与随行的人走散，自己也迷了路，跌跌撞撞来到江阴鸡笼山下。他饥饿难忍，于是便走进一户农家看看有没有什么可以吃的。朱厚照看到一家农户家徒四壁，只有一个老妪在家。他询问后才知道这家农户只有老妪和儿子相依为命，儿子去山上砍柴了，家里除了一只小母鸡外实在是没有其他吃的。于是朱厚照便要老妪杀鸡做饭给他吃，但老妪不愿意，她说："要等小母鸡长大了生了蛋，把卖鸡蛋的钱攒起来买只小羊羔，等小羊羔长

周庄

大了再卖掉买头牛犊，等牛长大了再卖掉，换来的钱才能给儿子娶媳妇。如果今天吃了小母鸡，日后便没钱给儿子娶媳妇了。"朱厚照闻言，将随身玉佩给了老妪，说这玉佩能换很多钱，老妪这才放心地杀鸡做饭。待朱厚照吃饱后，老妪的儿子周元正巧也砍柴回来了。想起刚才娶媳妇的话题，朱厚照饶有兴致地问周元，觉得娶什么样的女人最理想？周元不假思索道："若能娶到曹阁老的女儿才是最好。"曹阁老指的便是当朝御史曹宏，他是苏州本地人，也是当地最有势力的大户。听了周元的回答，朱厚照随手割下一片龙袍，写下一道赐婚的圣旨，让周元拿去到曹阁老家娶亲。曹宏一看圣命难违，心里纵然再不愿意也只得认命。后来，曹宏为他们夫妻二人置办了庄田，便有了现在的周庄。

在苏州当地还有"未吃阿婆茶，不算到周庄"的说法。当地人认为，只有在周庄喝过一碗"阿婆茶"，才能真正地品味到水乡古镇的韵味。据说在很久很久以前，淀山湖中有一座风景秀美的山，一个叫阿蒲的老妇人就住在这山上。阿蒲为人善良，她种植了很多茶树。每年到了春季采茶的时候，阿蒲会带上她的茶叶下山四处售卖。有一年她路经商榻时，看见一群穷苦的乡亲，就顺手送了一些茶叶给他们。自此以后，

苏州｜的山水与人文

她每年都会送一些茶叶给那些没有闲钱喝茶水的穷苦百姓。商榻有了茶叶，周围的乡亲们也可以用茶解渴了，并渐渐养成了饮茶的习惯。后来，淀山湖中的山不知何时消失了，阿蒲老婆婆也不知去向，但喝茶的习俗却在商榻一代一代流传下来。人们为了纪念这位好心肠的阿蒲婆婆，就把喝的茶叫作"阿蒲茶"，后来为了表示对阿蒲的尊敬，便将"蒲"改为"婆"，这就是"阿婆茶"的由来。

你知道九如巷里的"张家四才女"吗

九如巷是位于苏州市区东部的一条街巷，旧名"狗肉巷""钩玉巷"。巷子全长161米，宽4米，东出五卅路，向西折南通十梓街，向北穿越住宅楼可抵体育场路。九如巷本是一条再平凡不过的老巷子，但是在这条巷子的3号——一栋普通的居民楼里，曾走出了四位才貌双全的女子，也谱写了四段传奇的爱情故事。

九如巷3号是近代著名教育学家张冀牖的故居，他膝下的四个女儿，张元和、张允和、张兆和、张充和，被人们称为"九如巷张家四才女"。

张冀牖与他的四个女儿

这四位传奇女子不仅富有才情，还有着四段让人艳羡的爱情故事。其中以沈从文和张兆和的故事最为有名。

1929年的沈从文正值青春年少，因写过一些新潮的白话小说而在文坛崭露头角。后来经由诗人徐志摩介绍，沈从文被中国公学校长胡适聘为教师。然而，一向木讷内向的沈从文第一次授课就洋相百出，尴尬万分。而最让他想不到的是，他未来的夫人张兆和当时就在那些目睹他出洋相的女学生中。也许这就是命运的安排，张兆和成了沈从文的学生，这为日后两人的日久生情创造了条件。

相比张兆和对沈从文的渐渐倾心，沈从文对张兆和可以说是一见钟情，毫不掩饰。从1929年12月开始，短短半年的时间里，沈从文就给张兆和写了几百封情书。思念时，他说："我就这样一面看水一面想你。"远游时，他说："我行过许多地方的桥，看过许多次数的云，喝过许多种类的酒，却只爱过一个正当最好年龄的人。"表白时，他说："你不会像帝皇，一个月亮可不是这样的，一个月亮不拘听到任何人赞美，不拘这赞美如何不得体，如何不恰当，它不拒绝这些从心中涌出的呐喊，你是我的月亮，你能听一个并不十分聪明的人，用各样声音，各样言语，向你说出各样的感想，而这感想却因为你的存在，如一个光明，照耀到我的生活里而起的。"越是内向木讷的人，他的爱越是浓烈而炙热。1932年7月的某一天，沈从文穿着一件灰色的长袍，鼻子上架着一副近视眼镜，略显苍白的脸上带着些许害羞。他在九如巷口的张家石库黑漆大门外踌躇半天，终于鼓足勇气敲响了张家的大门。这么多年来，张兆和一直默许沈从文对自己的追求，而张家也对文质彬彬的沈从文十分满意。终于在1933年9月9日，沈从文与张兆和在北平的中央公园举行了盛大的婚礼。

除了张兆和，张家的其他女儿也收获了属于自己的美满爱情。大姐张元和是四姐妹中最漂亮的，也是学校公认的校花。她性格沉稳，喜爱文学，擅长昆曲，后来嫁给昆曲名家顾传玠为妻。二姐张允和是一名昆曲家，平生著有《昆曲日记》，她的性情刚烈耿直，但也因为心直口快而吃了不少苦头，最后嫁给了在语言学方面颇有建树的周有光。小妹张充和自幼精通诗文，绘画、音乐也无一不精。曾经以数学零分、国文满分的成绩成为北大中文系破例招收的第一位女学生。后来张充和在母校担任昆曲和书法教师，与德裔美籍汉学家傅汉思相恋，最后步入婚姻的殿堂。

车坊古镇纪念的 "异国英雄" 是谁

车坊是苏州的一座古朴小镇，始建于清朝末年，据说旧时小镇东侧有油车，西侧有糟坊，故取名为 "车坊"。很久以前的车坊没有修建公路，只有窄小的弄堂和清澈的湖泊，于是水路运输便成为当时和外界往来的主要交通方式。如今的车坊早已修建了宽阔的柏油马路，可在湖泊

车坊古镇

之上依旧能看见悠悠往来的船只，大多数的人家还在做着捕鱼的老本行，依旧保持着种植 "水八仙" 的习俗。每日晨起而作，日落而息，撒网下饵，摇桨渡船，除非有大风浪吹过，抑或是逢年过节，才会有半日的清闲。

即便时代变迁，老街道变作了住宅小区，古弄堂换作了大厦商铺，这些质朴勤勉的习惯却被深深刻在苏州人的骨子里，丝毫未减。

走进古镇东侧的老街，首先映入眼帘的是一个类似巷门的门楼，上面挂着写有 "东街" 字样的路牌，迎面而来的第一家店铺就是和车坊名字息息相关的油车坊，在中华人民共和国成立前，油车坊曾被改作一家米行，如今再看已是一家絮棉加工作坊。遥想多年前，此处附近的河面停满了船只，贩米农户的吆喝声、米行伙计的招呼声、账房先生的算盘声，还有碾米机作业时的轰鸣声……多种声音交织在一起，人潮涌动，好不热闹。

在车坊这座古朴的小镇里，有一个村子名为 "车坊大姚村"。从村子的大竹园中穿行而过，沿一条蜿蜒的小路向前走，再穿过两边水芹田，就能看见路前方一个土丘旁的大觉寺桥，这座桥始建于宋代，因附近的大觉寺而得名，只是如今桥依旧在，可寺庙却已消失不见，只能根据桥边碑文中的记载得到些许关于它的讯息。虽已历经百年，但依旧能在大觉寺桥的主梁上看到雕刻得栩栩如生的图纹样式。望柱顶端的莲瓣、抱

鼓石上的云纹、横帽梁石上的浮雕装饰……刻工精湛，让人叹为观止。村子里还有一个湖，名为"澄湖"，又名"陈湖""沉湖"。据说这个湖泊原本是陈州所在地，后来下降积水为湖。关于陈州，当地还流传着一个民间传说。相传，古时候有位神仙托梦给陈州府的孝子陈三，他说当府衙前的石狮子眼睛流血时，就代表陈州要大难临头了。这件事后来被鲁莽的张屠夫知道了，他就是不信陈三的话，故意用猪血染红了石狮子的眼睛。陈三见状，立马回家背着瞎了眼的老娘一路狂奔。在他身后，陈州忽然地面震动沉陷，无数的地下水涌了出来。陈三背着老娘一口气逃到车坊大姚村，实在跑不动了，只能拼命地喊"救命"，就在他呼喊的同时，大地停止了震动，地下水也不再涌出。他松了一口气，回头一看，身后已是汪洋一片，陈州城早已被淹没。在20世纪70年代末期，我国考古学家在澄湖中挖掘出大量的新石器时代至宋代的文物，并发现了井坑等遗存。

值得一提的是，在车坊，每逢清明时节，都会有学生或当地市民自发地去为一位异国英雄扫墓。这位异国英雄名叫肖特，是一位美国飞行员。在抗日战争时期，肖特在回沪途中得知日军要炸毁苏州机场，他毫不犹豫地前去拦截日军，并以一人之力击落了3架日机，最后因寡不敌众，他驾驶的战机被击落在吴淞江高垫附近，肖特壮烈牺牲。

苏州有哪三座雕花楼

在苏州传统工艺中，石雕、砖雕、木雕可谓达到了全国一流的水平。到苏州游玩，若不去看看这些园林中精妙绝伦、清新雅致的雕刻工艺品，可谓是一大憾事。若要领略最有江南特色、最为精致的雕刻品，那三大雕花楼便是绝佳的去处。位于苏州的三大雕花

雕花楼

楼分别是东山雕花楼、西山雕花楼和山塘雕花楼。

东山雕花楼位于苏州西南方向古胥毋山的南光明村，旧时因苏州清代诗人俞樾的名句"花落春犹在"，故又名为"春在楼"，当地人俗称"东山雕花大楼"。东山雕花楼原本为金锡之、金植之兄弟俩的私宅，金家祖业本不丰厚，但在这两兄弟手里经营了十几年后，竟一跃成为东山最大的地主。金氏兄弟为显富贵，特地挑选上等材料，聘以能工巧匠，历时几年，花费巨资终于建成了这座在东山首屈一指的仿明式建筑。据《吴中胜迹》记载："雕花楼于一九二二年兴工，用二百五十余名工匠昼夜施工，历时三年，花去黄金三千七百四十一两。"由此可见，东山雕花楼的工程之浩大，做工之精细。整座大楼采用的是多边形的四合院结构。以金、石、砖、木为主要雕刻原料。刀工精细，精美绝伦，不仅处处有浮雕纹刻，且寓意深远，可谓是"进门有宝、伸手有钱、脚踏有福、抬头有寿、回头有官、出门有喜"。正因如此，东山雕花楼一直被誉为"江南第一楼"。

坐落于太湖洞庭西山脚下堂里村的西山雕花楼，因其民宅厅堂特别多闻名于世。总面积有4000多平方米的西山雕花楼，是西山最大的古建筑群。暂且不说老屋有五进七落七天井，仅是建于清咸丰时期的新屋就有三进五落、二十底十六楼。在这座雕花楼里，汇集了3000多件技艺精湛的砖雕、石雕、木雕作品。这些工艺品线条流畅，图样别致，刀法精细，十分具有艺术价值和观赏价值。不仅有浮雕，还有镂空雕，且全楼上下凡是有木质、方砖、垒石结构的地方，都遍布着各种栩栩如生的刻雕图案，最令人惊叹的是，如此繁多复杂的雕花装饰，竟无一处相同或是相似。花鸟鱼虫、逸事典故、生活百态乃至世间万物，都被雕刻在房前屋后的梁柱上、门楣上、窗扇上、檩枋上，甚至是方寸之间的小木件，也被细心雕琢。实在是让人不得不赞叹古代的匠人们真的是心有九窍，百转千还。

山塘雕花楼虽不及前两处名气大，却称得上是一座名副其实的雕刻艺术博览馆。坐落在阊门外山塘街250号的山塘雕花楼，原是清末苏州中医外科名医许鹤丹先生的家宅，著名的古建筑专家罗哲文曾为许宅亲笔挥毫，写下了"山塘雕花楼"五个大字，并镶嵌在古宅的门楣上。山塘雕花楼的雕刻图案花样繁多，除却寓意吉祥富贵的福禄寿喜、八美图、八仙图等，最为引人注目的便是山塘雕花楼内雕刻品的深厚文化内涵。门厅后面的砖雕刻着"三英战吕布""三顾茅庐""刘备甘露寺招亲"等典故，内容朴实无华，刀法栩栩如生。第三进花厅的落地长窗上，还雕刻着诸如西施、貂蝉、杨玉环、王昭君这样倾国倾城的美人和花木兰、樊梨花、穆桂英、梁红玉这样的巾帼英雄，所有人物都是用浮雕手法雕刻的，一段浮雕一个典故，一位人物一段传说，让人忍不住细细端详。到了第四进主厅便可看见楼下的东侧走廊雕刻了全本《梁祝》，西侧走廊雕刻了全本《西厢记》，楼上的回廊雕刻了全本《白蛇传》戏文。而古戏台的两侧和台下更是雕刻了全本的《牡丹亭》和《长生殿》。难怪苏州人常说："逛过多少园林，也不及看雕花楼一眼。"

"横塘驿站"是中国仅存的完整古驿站吗

中国现存的古驿站建筑仅有一个半，之所以把浙江嘉兴的西水驿算作半个古驿站建筑，是因为驿亭中的碑记虽是当年留下来的，可亭子是1999年建造的，因此只能算作半个。如此一来，中国现今保存完整的古驿站

横塘驿站

建筑只有一个，那就是位于苏州城西南部，横塘镇东北胥江与运河交汇处的横塘驿站。

横塘驿站始建于宋代，明朝时期迁移于盘门外，清代又重修，因其位于胥江和大运河的交汇处，因此便成为苏州通往石湖、太湖等地的水路要隘。古时的驿站是传递官府文书以及往来官吏途中歇宿的住所，后来渐渐成了百姓们迎来送往客人时的分手之地。南宋诗人范成大曾有一

苏州的山水与人文

首《横塘》,诗中云:"南浦春来绿一川,石桥朱塔两依然。年年送客横塘路,细雨垂杨系画船。"在这里,许多游子离家,许多旅人到达,许多人的人生从这里开始或是在这里结束。来去间,苍山远,横塘驿站一直在见证那些和苏州有关的相聚或离别。"凌波不过横塘路,但目送,芳尘去。"贺铸当年在横塘路上的感慨,是历经世事后的沧桑体会,更是无法言喻的悲壮伤情。这份体会,这种悲情,都化作横塘驿站的猎猎风沙,沾染在每个过客的身上、心上,挥不去,也赶不走。

要说这驿站还能够记住谁,白居易恐怕要排在前面。唐朝时期,诗人白居易被贬苏州当地方官。离开京城,来到苏州的白居易反倒变得惬意了。当时身为苏州刺史的他勤于政务,修七里长堤预防水患,制定税收均衡的政策休养民生。只可惜在第二年,白居易因为身体不济,不得不辞官离任。离别的地点在横塘驿站,苏州城的百姓成群结队地来挽留他,人群站满横塘驿站大运河两岸。老百姓和官员们抬着丰盛的酒席,带着乐队前来送别。白居易登船之后,人们痛哭流涕,追着行船相送十几里,直到船影渐渐模糊不见,百姓也不肯离去。目睹了当时场景的刘禹锡曾感慨道:"苏州十万户,尽作婴儿啼。"后来白居易继续在宦海浮沉,做过大官,也曾被打压,只是一直以来的为官信念从未改变。也许经历过横塘的那一场离别,才更能明白入仕为官除了光宗耀祖、荣华富贵,还有更为重要的东西值得去追求。

如今的横塘驿站只剩下孤单的身影,不似往日的繁华与热闹。杂草丛生,乱石堆积,不免让人感到落寞与荒凉。它就像一个垂暮的老者,睿智深沉,静静地看着乾隆皇帝南游来去,注目诗人折柳别离,看过状元打马经过,看着许多的故事在这里上演,在这里落幕。或许我们觉得它没落了,它却觉得我们年轻,毕竟当你看过无数的悲欢离合,经历众多时代的沧桑巨变,无论身在何方,处境如何,心中早已是平静无澜,宠辱不惊。横塘驿站,留给我们的一直都是孑然孤影,从始至终,一直都是。

"木渎古镇"是因为吴王造房子而得名吗

木渎古镇位于苏州城西的太湖之滨,是江南水乡著名的风情古镇之一。木渎古镇所处的位置被当地人称为"聚宝盆",地处天平、灵岩、狮山、七子等吴中名山的环抱之中。作为同苏州一样历史悠久的古镇,木渎不仅风光秀美,文化底蕴深厚,物产也极为丰富,并孕育出众多的名流贤士。

素有"太湖门户"之称的木渎,自古便是连通苏州城和太湖的重要交通枢纽。在明清时期,木渎理所当然地成为苏州城西最繁华的商埠。乾隆皇帝六次南巡,六次来到苏州,六次游览木渎,还为木渎的码头亲笔题字,由此可以想见当年木渎古镇的鼎盛。

关于木渎古镇的由来,据记载,在春秋末年,吴国和越国纷争不断,在最后一场大战中越国战败,越王勾践被俘成为奴隶。勾践与范蠡暗施"美人计",将美女西施献于吴王。自此以后,吴王不理政事,整日与西施饮酒作乐,沉迷享受。吴王夫差专宠西施,所以想尽办法讨她欢心。他大兴土木,特地为西施在灵岩山顶建造了一座馆娃宫,又在紫石山增筑了姑苏台,如此浩大的工程可谓是"三年聚材,五年乃成",从全国各地源源不断运送而来的木材,堵塞了山下的河流,谓之"木塞于渎",木渎古镇之名因此而来。

三国时期,木渎也是吴地重镇。到了东晋时期,吴国大将陆逊的后裔陆玩在原来灵岩山馆娃宫的旧址建造了一座宅子,后来又改建成为寺庙。根据宋代的《元丰九域志》记载:"北宋设木渎镇,属吴县,镇以渎名。"由此可见,当时的木渎已是苏州许多乡镇的中心。清朝时期,丹青手徐扬曾绘制了一幅乾隆年间姑苏城内繁景盛况的写实性图卷《盛世滋生图》,其中有关于木渎的部分占了整幅画卷的二分之一,足见当时的木渎是吴中的主要商埠地区。

抛却繁盛的贸易经济不谈,木渎的人文风情也是苏州地区的一大文化特色。著名的"姑苏十二娘"即船娘、绣娘、织娘、茶娘、扇娘、灯

木渎古镇

娘、琴娘、蚕娘、花娘、歌娘、画娘、蚌娘，这些人是质朴善良、心灵手巧的吴地妇女的典型代表。而这些具有悠久历史和吴文化内涵的技艺，在木渎古镇你都可以看到，并可与之亲密接触。从北宋开始至清朝末年，小小的木渎古镇人才辈出，共走出两位状元、一位榜眼、25位进士、30多位举人。从木渎古镇走出的名人也数不胜数，例如北宋著名的政治家、文学家范仲淹，清代著名诗人、诗选家沈德潜，清末的启蒙思想家、政论家冯桂芬，以及近现代的刺绣皇后沈寿等。如今在木渎古镇下塘街上原榜眼府第处，还伫立着冯桂芬故居。

"忠王府"是最短命的王府之一吗

与北方恢宏大气、庄严凝重的皇家园林不同，位于苏州的这座忠王府有着典型的江南水乡风格的玲珑精巧、婉约多姿。忠王府没有北京城内那些古建筑的历史悠久、文化深厚，但在它出现的短短100多年间，却经历了战火纷纷的岁月，几次易主，多次拆分修筑，最终成为我们今天所见到的模样。

苏州的忠王府全名为"太平天国忠王府"，在开始介绍忠王府之前必须要说一下拙政园的事。忠王府后部的花园就是拙政园，占地约有5.2公顷，是中国四大古典名园之一，可以称得上是"史上最大的后花园"。清乾隆年间，拙政园的一部分归蒋氏所有，重新修建，并改名为"复园"。再后来又多次易主，渐渐被荒废，亭台倒塌，杂草丛生，不复当年的胜景。苏州的忠王府便是在拙政园的遗址上修建的。

清咸丰十年（1860）四月，太平天国忠王李秀成与英王陈玉成，率领太平军第二次大破清军的江南大本营。紧接着李秀成乘胜追击，挥师东征，先后攻克了常州、苏州、嘉兴等地。他以苏州为政治中心，将苏州、常州一带的地区合并划分，建立了太平天国的"苏福省"，并在这一年的十月，集合几千名能工巧匠精心设计，在拙政园遗址改建了一座忠王府，还将东侧的潘姓宅院和西侧的汪姓宅院一并扩充进王府内，整座王府包含了官署、庭舍、园池等建筑群，绵延数里，雄伟宏大。同治二

忠王府

年（1863）冬天，清军镇压太平军，苏州失守，忠王府也被李鸿章据为己有，作为江苏巡抚行辕。这座打造许久的忠王府，李秀成只享用了短短三年的时间，可以说是史上最短命的王府之一。

时任江苏巡抚的李鸿章，将忠王府分割为三个部分：中路正殿的旧拙政园部分，先是作为临时江苏巡抚衙门，后来又改为八旗奉直会馆；东边偏殿部分，划归为李鸿章的侄儿李经义所有；西边偏殿部分，划归盐商张履谦所有，后建成补园。中华人民共和国成立后，忠王府正殿旧拙政园部分由苏南区文物管理委员会接管。东边李姓部分与西边张姓部分，虽已为私人所有，但最后两家后人都交给了人民政府，如今已作为苏州图书馆和花园。

现在所见到的苏州忠王府是后来修建的模样，苏南区文物管理委员会把东边的东园和西边的补园重新合二为一，基本上恢复了忠王府花园的面貌。

苏州"沧浪亭"是园林的名字吗

　　位于苏州市三元坊沧浪亭街3号的沧浪亭，原为五代时期吴越国广陵王钱元璙的吴军节度使孙承佑的池馆。后来池馆渐渐荒废，被宋代诗人苏舜钦以四万贯钱买下作为私人花园，并依水造亭，进行修筑。因苏舜钦有感于"沧浪之水清兮，可以濯我缨；浪之水浊兮，可以濯我足"，而亲笔题名为"沧浪亭"。虽名为沧浪亭，但实则是一处中国古典园林建筑群，园内除沧浪亭本身外还有印心石屋、明道堂、看山楼等建筑和景观。整座园林占地1.08公顷，是苏州现存的园林中历史最为悠久的一个，与狮子林、拙政园、留园一起列为苏州宋、元、明、清四大园林。

让沧浪亭名噪一时的《沧浪亭记》为园主人苏舜钦所写。说到苏舜钦这个人，他可不单单是宋代诗人那么简单。相传当年范仲淹写就千古名篇《岳阳楼记》之后，时人争相传抄，一时间洛阳纸贵。滕子京想把《岳阳楼记》刻写在石碑之上，于是请范仲淹来书写。但范仲淹自觉书法水平有限，不能胜任，便去请当时的文坛领袖欧阳修来题写。不想欧阳修却将苏舜钦推荐给了范仲淹，并评价苏舜钦说："又喜行草书，皆可爱，故其虽短章醉墨，落笔争为人所传。"于是范仲淹便去请苏舜钦题写，写成之后人们争相临摹，碑文的拓片无数，一度成为当时书法爱好者的收藏佳品。历史上的苏舜钦，字子美，曾任大理评事、集贤校理、监进奏院等。因其支持范仲淹的庆历革新，为人处世又有些激进，一直被守旧派记恨。御史中丞王拱辰让其属官上奏弹劾苏舜钦，弹劾他在祭

沧浪亭

神时，用卖废纸之钱宴请宾客。于是苏舜钦被罢官免职，贬到苏州。虽然后来又被朝廷复用，被任命为湖州长史，但上任不久后苏舜钦就因病去世了。

苏舜钦自幼便好读书，文采斐然，尤善诗词，与宋诗"开山祖师"梅尧臣并称为"苏梅"。据说，他被免官之后，便携妻子南下，闲居苏州。一次偶然发现了一块弃地，那里草木丰茂，前竹后水，附近还有荒芜的池馆。于是苏舜钦花了四万贯钱将这片弃地买下，加以修葺，依水筑亭，并取名为"沧浪亭"。欧阳修曾在诗中以"清风明月本无价，可惜祇卖四万钱"题咏此事。苏舜钦自号"沧浪翁"，撰写了《沧浪亭记》，描绘沧浪亭内典雅的景致和自己闲适的退隐生活，还写了一首《沧浪亭》："一径抱幽山，居然城市间。高轩面曲水，修竹慰愁颜。迹与豺狼远，心随鱼鸟闲。吾甘老此境，无暇事机关。"借此来畅舒心志，表明意趣。

苏州俗语"七里山塘到虎丘"指的是什么

在苏州，有句俗语叫："七里山塘到虎丘。"说的是东起阊门的渡僧桥，西至苏州名胜虎丘山的望山桥，有一条街长约七里，名为"山塘街"。

山塘街历史悠久，最早可追溯到唐代宝历年间，据说是大诗人白居易所建。细算下来距今已有1100多年的历史了，可谓是苏州城内的一条老街。因为山塘街的地理位置独特，还有较为便利的水路交通，在明清时期曾是中国商贸经济和地域文化最为发达的街区之一。整条街道水陆并行，河街相邻，周围的建筑群疏朗有致，古朴别致，街边商铺琳琅满目，会馆集聚，一派盛世繁华之景。曾有民谣传唱："上有天堂，下有苏杭。杭州有西湖，苏州有山塘。两处好地方，无限好风光。"如此秀美繁华的景象，为山塘街赢得了"姑苏第一街"的美誉。

除了是"姑苏第一街"，山塘街还是一条"名人街"，许多历史上耳熟能详的人物，都曾与山塘街有过不解之缘。

与山塘街颇有渊源的一位皇帝是明朝的开国皇帝——朱元璋。相传，在大明朝刚刚建立时，因为苏州是曾经的劲敌张士诚的所在地，所以朱元璋一直放心不下。于是，他特地派刘伯温到苏州视察民情。刘伯温在苏州巡视了几天，来到了山塘街，惊讶地发现横贯在白堤旁的山塘河状如卧龙，觉得不妥，于是让人将七只石制狸猫头放置在山塘街上。这七只狸猫头分别是位于山塘桥畔的美仁狸、通贵桥畔的通贵狸、星桥畔的文星狸、彩云桥畔的彩云狸、普济桥畔的白公狸、望山桥畔的海涌狸、西山庙桥畔的分水狸。

历史上最钟爱微服出巡的清朝乾隆皇帝在下江南游玩时，对山塘十分喜爱，他所写的诗中直接提到山塘的就有9首之多。光是题诗还不算，为了能日日看到山塘景色，乾隆二十六年（1761），也就是皇太后钮祜禄氏七十大寿之时，特意命人在北京万寿寺的紫竹院旁，以山塘街为蓝本沿玉河仿建了一条苏州街。乾隆五十七年（1792），他又命人在御苑清漪园，也就是现在的颐和园的万寿山北面建造了一条苏州街，同样是以山塘街为原型建造。只是这两条苏州街在后来的战火中被毁，直到1986年颐和园重建了苏州街，才使当年七里山塘的秀美景色重现于北京。

七里山塘

　　除了朱元璋和乾隆，山塘街还是唐伯虎点秋香的"追舟"之处、曹雪芹在《红楼梦》中提到的"富贵风流之地"、清代画家徐扬的《盛世滋生图》中所绘的繁华大街……无数的文人墨客、诗人名士皆钟情于山塘的精致与繁华。"居货山积，行云流水，列肆招牌，灿若云锦"，今日的山塘一如千百年前一般，依旧是苏州人喜爱的街道之一。

苏州的民俗与特色

　　旅游是从一个地方到另一个地方游览观赏，旅行则是从一个地方到另一个地方生活体验。前者看的是风景，后者看的是文化。来到苏州，这个温婉柔美的江南水乡，一切源于现代化城市快节奏生活所带来的疲惫和焦躁，都会被这座城市的优雅祥和驱散。吴侬软语，苏绣缱绻，虎丘曲会，夜半钟声……无一不是苏州给予世间众生的礼物。结婚要结三次？婚后要"上花坟"？新春的"爆谷卜年华"、中秋的"虎丘走月亮"……这些从未听说过的词语，从未看见过的盛会，从来不曾了解的民俗，吸引无数游客到苏州一探究竟。也许你从未到过苏州，也许你即将启程，也许你曾是苏州的匆匆过客，无论你是哪一种，接下来的故事和内容会让你更加明白苏州人的生活百态。

苏州的婚丧嫁娶

旧时在苏州两家人订婚约有什么讲究

男大当婚，女大当嫁，自古以来结婚都是人生之中的头等大事。在那个还没提倡自由恋爱的年代，在苏州，到了适婚年龄的青年男女，婚事要凭"父母之命，媒妁之言"，同时定亲的过程也烦琐且迷信。

最开始要由男方家委托媒人到女方家去提亲，如果女方家同意商议结婚的事，男方家再派人去求亲。媒人在其中起到的作用很大，一般来讲，媒人会帮忙判断两家人是否门当户对，并把男方家的家世、土地、财产等情况向女方家做个全面的介绍。当然，也有一些没有职业道德的媒人，收了好处，弄虚作假。听完媒人的介绍，女方家父母如果有意，就会托人打听男方的情况，若是门户匹配，就会托媒人回复，两家人各自准备庚帖。因庚帖上会写明男女双方的姓名、年庚、三代、籍贯，故称为"四庚帖"。双方交换后就可以算八字了。

交换庚帖可不意味着已经定亲，两家人还要"讨八字"才行。在中国传统文化中，"八字"是指每个人诞生之时的年、月、日、时、天干、地支。前四项各取一字，后两项各取两字，凑在一起就是"八字"。媒人会先持男帖到女方家，将女方的生辰八字写在男帖背面，再交于男方家。男方家会请算命先生来"合肖"，倘若占卜吉凶之后，男女年庚八字相合，双方父母就可以放心地准备换帖定亲了。关于生辰八字，还有一些"女大一使不得""妻大二生一对""妻大三抱金砖"等说法也是很有趣的。

苏州人是提亲的时候就要准备聘礼吗

我们看的很多古装剧里，男方来提亲时会让手下抬几大箱聘礼，可以前的习俗真的是提亲时就要带聘礼吗？

答案当然是不需要。提亲时因双方还未商定好婚约，此时是不需要过聘礼的。等到双方算好八字，确定了婚事，就要有一次换帖仪式。换帖的时间要先找人算好吉日，男方家要先派媒人去女方家商议聘礼的事。男方会把聘礼的数目和新郎的庚帖一同放入一个小匣子内，用红绫或者红布细心包好，再和彩礼一起由媒人送至女方家。女方家收到后，如果对礼金数没有异议，就会把新娘的庚帖也放入小匣子内，交给媒人送还给男方家。如此，算是完成了换帖。接下来，男方家就要准备"过大礼"，而女方家也要开始准备嫁妆了。

严格来讲，两家缔结婚约后，男方将聘礼送至女方家后，这婚约才意味着已经生效。以前苏州人结婚，男方家一般要给女方家一百到两百的现大洋，新衣料、玉镯首饰等礼品。还要请人"抬食箩"，也就是雇人把至少三架装满大米、挂面、馒头、猪肉等食材的食箩抬送至女方家。过完聘礼后，两家人选定好吉日，就可以准备结婚的事宜了。男方这边要开始清整院落，粉刷、布置新房。家中遍贴喜联和红"喜"字。女方这边也不闲着，开始准备嫁妆。

原则上讲，女方的嫁妆自然是越多越好。苏州人的习惯是未来婚后的生活用品由女方家"包办"，所以苏州新娘的嫁妆直到现在也多是以生活用品、家具家电为主。虽然随着时代的进步，嫁妆也随着生活用品的替换变得不同，但有一样这么多年却一直都存在，那就是"子孙桶"。这子孙桶在过去是要由新娘的哥哥或弟弟拎着进新房，寓意"多子多孙"。

如今虽然几乎用不到子孙桶了，但苏州人仍按比例将其缩小为一个摆件，依然作为嫁妆之中不可或缺的一部分。值得一提的是，在新房里布置的如意碗筷必须盛满米、桂圆、红枣、花生，寓意着富足美满，早生贵子。有时候还会将一根甘蔗首尾系上红绸，摆放在新房内，预示着新人今后生活甜蜜幸福和事业节节攀升，红红火火。

"闺女离娘，大哭一场"的习俗是怎么回事儿

一切准备妥当后，两家人就可以静静地等待结婚那天的来临。成婚当天的一举一动都要格外讲究。接亲与送亲不得委托孤寡、二婚或者属相与新娘新郎相克的人，而且还有"姑不接，姨不送"之说。因为是大喜之日，男方家会把院里院外、房前屋后都打扫得一尘不染。大门前悬挂红灯笼，院子内外、房檐窗户都张贴满喜字喜幛，一片热闹喜庆的景象。待到迎亲时鸣放鞭炮，红灯伞仗，有条件的人家还会请仪仗队吹奏礼乐，一时间鞭炮声、锣鼓声、人们的欢笑声交织在一起，好不热闹！到了女方家门前，不给"过门礼"女方是不会开门的。女方家会将男方家的人"拒之门外"，直到对方将"过门礼"从门缝塞进去后才开门迎接，将一堆人带到客房招待吃茶点和"下马面"。

在苏州，过去成亲时还有"闺女离娘，大哭一场"的风俗。相传在很久以前，有一对母女相依为命。每天娘织布，女儿纺线，辛苦劳作日子却依然清苦，时常吃了上顿没下顿。日子一天天过去，女儿也一天天长大。做娘的心里着急，想着女儿到了出阁的年纪，要赶快给女儿找个婆家，有了归宿也不用天天跟着自己挨饿受苦。于是娘就委托媒人给女儿说一门亲事，并订好了成亲的日子。只是迎娶的日子一天天临近，做娘的却一天天忧愁，实在是舍不得女儿啊！等到男方家花轿迎到门前，女儿看着娘满头的白发和干枯瘦弱的身躯，想着自古以来"嫁出去的女儿泼出去的水"，自己这一走，娘一个人的日子该怎么过呢，还不活活饿死啊！想到这些，母女俩抱头痛哭起来。哭声惊动了天上一位过路的神

仙，神仙可怜这对母女便动了善心，用手遥遥一指女儿脸上的泪珠，泪珠就变成金光灿灿的金豆子。女儿看见有这么多的金豆子，惊喜不已，盘算着足够娘下半辈子吃用了，就不再悲伤，梳洗打扮之后上了花轿。自此之后，凡是姑娘上轿，都是一拖再拖，然后抱住娘大哭几声，就是没有泪，也要挤出几滴泪珠，好化作金豆子养活娘。时间久了，就有了"闺女离娘，大哭一场"的风俗。

苏州俗语"新妇三天无大小"是什么意思

苏州俗语"新妇三天无大小"原是一种闹洞房的说法。

在女方家迎娶到新娘之后，新郎要骑马在队伍前面绕村串庄，不能走原路。直到花轿停到男方家门前，新郎便下马向花轿作揖三次，谓之拜轿神。新娘则由伴娘搀扶出轿，扯彩带，跨火盆，踏红毡，进入中堂拜堂成亲。旧时婚礼主持者多是地方德高望重之人，为男女双方家人介绍，念喜歌、喜词，主持整个拜堂仪式的流程。现在则要求主持人既要有庄重的仪式感，又要亲切逗人，带动气氛。礼毕，新娘就由伴娘搀扶，进入洞房。

在新郎新娘没有进入洞房之前，会请一位父母双全、丈夫健在的妇女到新房为新郎新娘安放被褥，并做一些预示着好兆头的"安排"。例如将一把五色粮撒到床褥下，图个五谷丰登。床头下还要放上几颗红枣，意思是早生贵子。枕头下放几粒花生，意思是男孩女孩"花"插着"生"。当新郎新娘陆续进入洞房之后，新郎揭开新娘的红盖头，万众期待的"闹洞房"就开始了。

闹洞房的习俗自古有之，全国各地也不太一样。但无一例外的是，家家户户都认为来闹洞房的人越多越好，人越多越显出自己的体面和光荣。在苏州，成亲当日，不论男女老幼都可以到新房"看新媳妇儿"，逗趣调笑新娘。由此便有了"新妇三天无大小"的俗语。

这天男方家除了要招待本家亲友外，还要热心地招待女方家来客，

苏州的民俗与特色

并展示嫁妆，俗称"摆桌"，会由女方家的长辈代表将各亲友赏送之物
一一唱明展示。

为何现在苏州会有结婚结三次的说法

如今科技创新，时代飞速发展，交通也变得越来越发达、便捷。人
们可以在不同城市间频繁来往、工作，甚至是娶妻生子，安家落户。既
然要结婚，免不了要迎亲、接亲，可是如果娘家不在苏州，婆家也不在
苏州，那要到哪里去接新娘，即便接到了新娘又要迎回到哪里？这可难
不倒聪明的苏州人。

如今，新苏州人在办喜事时一般会举办三次，男方老家一次、女方
老家一次、苏州新家再一次。结婚是人生大事，在双方老家举办的婚礼
会按照当地的风俗习惯来办。回到苏州，没有了父母长辈参加，跟年纪
差不多的朋友们在一起筹办婚礼，会更加自在随意。既然两个人老家都
不在苏州，索性就省去了迎亲接亲的环节。不过，很多年轻人还是会尽
量保留这一婚俗，新娘在前一天会由伴娘等女伴陪住在酒店或者女伴
家，第二天由新郎带人来接去婚礼现场。虽然没有了高头大马和丝竹锣
鼓，但是婚礼车队、鞭炮声声、亲友把门讨红包等，也同样把迎亲的气
氛弄得热热闹闹。婚礼的形式也由传统的中式拜堂婚礼逐渐向现代新
中式仪式靠拢，烦琐的礼节被省去简化，婚礼更像是一帮好友的欢乐
聚会。

虽然没有了传统的仪式，但丝毫不会影响婚礼的神圣感和仪式感。
在老家的婚礼充满对父母和爱人的感恩与深情，而在苏州的这场婚礼，
在甜蜜的爱情之外，还有深重浓厚的友情围绕在身边。每一个在他乡打
拼的人，在最孤独低落、最需要帮助的时候，朋友总是第一个出现在你
的身旁。也许他们给不了你太多的支持和帮助，但他们的存在会在你的
心里增添一份动力和勇气，我想这便是朋友存在的意义吧。在苏州这个
新家，邀请最好的朋友们来一起见证甜蜜爱情，这无疑是一件非常幸福

的事。

华夏文明几千年的历史沉淀，造就了别样有趣的嫁娶婚俗。这些婚俗在我们的生活中世代相传，随着城市文明的发展不断注入新的元素。时代在改变，婚俗也在改变，可是人们对美好爱情的祝愿和对幸福生活的向往一直都没有改变。我们不断地改变婚礼仪式，是为了让人们更惬意舒适地享受这个仪式的过程，让整个婚礼更加浪漫温馨。所以说，改变的是表面的形式，不变的是美好的祝愿。

在苏州新婚夫妇"上花坟"是指什么

在过去，苏州人很重视祭祀扫墓。但凡清明祭祖，必须要到祖坟那里去。坟墓也会根据形成时间分为新坟、中坟、满坟。先人死后第一个清明节祭奠时，叫上新坟；第二个清明节，叫上中坟；第三个清明节，叫上满坟；自此以后就统称为上坟。同时，新坟一定要在清明前日祭扫，旧坟可以过清明再去祭扫，但最晚不能过立夏。

通常上坟祭祀这种事情是要男人去的，女人是不用去上坟的。但是也有一个例外，叫作"上花坟"，是指新过门的媳妇第一次扫墓，要让新媳妇知道祖先的墓葬所在地和墓葬情况。每到这个时候，一些素日和新妇亲近的，平时也没什么机会参与上坟的女眷们都十分愿意来凑凑热闹，争着要一起去。这人数凑着凑着有些庞大了，就会雇上一只船或一驾马车，走水路或者驾车去目的地。一行人浩浩荡荡，很是惹人注意。

一般扫墓时要带上镰刀、铁锹等器具，以便整修坟墓，也叫作"圆坟"。等到了墓地，首先要清除坟上及周围的杂草，并且给坟上添一些新土。再用铁锹在坟墓边取一块上宽下窄像碗一样的土块，用土块将一张半尺来长的方形红纸压在坟墓的顶端，俗称"压坟头"。最后将荤素菜肴、瓜果糕点等祭品摆在供台上，准备举行祭祀仪式。上新坟、满坟的祭品是最隆重的，要备足六碗菜和元宝、纸钱祭奠亡人。六碗菜肴通常为熟食，有猪肉、鱼、鸡肉、杂烩等。"上花坟"时，除了备足六碗菜肴和元宝、纸钱外，还要放爆竹的，以示家中有喜，特来祭告祖先。有时候，讲究的人家上中坟也很隆重。

"上花坟"不同于一般上坟的严肃沉重，上坟结束后，喜欢热闹游玩的可以直接到附近的山寺、花园看看山水，或是去附近的集市买几斤烧腊，细碎有趣的玩具，一路吃一路玩，好不高兴。

苏州的节日习俗

你知道苏州人过年时的"爆谷卜年华"吗

　　古诗中有记载："东入吴门十万家，家家爆谷卜年华。就锅抛下黄金粟，转手翻成白玉花。红粉美人占喜事，白头老叟问生涯。晓来妆饰诸儿女，数片梅花插鬓斜。""爆谷卜年华"可以说是临近春节，苏州人家家户户的一大乐事。"爆谷"也就是我们常说的"爆米花"，在苏州的每个街头巷尾都可以听见时不时传来的爆谷声，人们成群结队提篮挂兜，争相去购买新鲜出锅的热爆谷。人群中不只有欢闹的孩子，主妇和老人常常也参与其中，脸上一片欢乐喜庆。春节爆米花、卜年华的习俗不知起源于何时何地，但年复一年，代代相传，爆谷卜年的习俗逐渐成为苏州人过年期间不可或缺的一件乐事，人们一边品尝着爆米花的香甜，一边占卜着来年的运势。全家人围坐在一起，欢声笑语，喜气洋洋。

　　除了"爆谷卜年华"，苏州人还将年夜饭叫作"合家欢"。平日里大家为了生活，奔波在外，只有在过年的时候才能回到家中吃顿团圆饭。

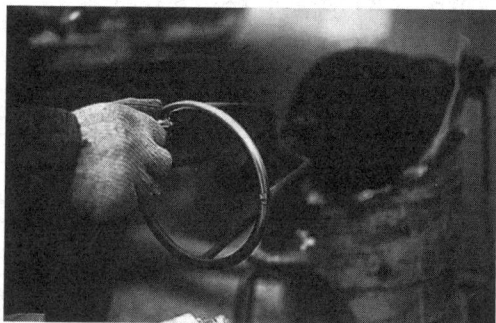

制作爆米花

没有办法回家的人，吃年夜饭时也会在餐桌上为他准备一副碗筷，以表思念。按照苏州当地的习俗，每到农历正月，家家户户都要吃年糕，寓意"吃了糖年糕，生活美满节节高"。除了图个好兆头，苏州人吃年糕更主要是为了纪念春秋时期的吴国大夫伍子胥。相传，春秋战国时期，苏州是吴国的国都。越王勾践举兵伐吴，将吴国的都城围堵得水泄不通，城中百姓和吴军都被困在城中，眼看着一天天过去，马上要炊断粮绝了。于是，吴王下令在城门附近掘地取粮，结果无意中发现，建城的城砖竟然是用糯米粉做的。原来，伍子胥还在世时，建造"阖闾大城"时他预想过会有这么一天，所以特意嘱咐将城砖中加入糯米粉。就是靠着这些糯米粉，全城的百姓得救了。苏州人民为了纪念伍子胥的功绩，决定在春节这一天，家家户户做年糕、吃年糕。自此，春节吃年糕的风俗就由苏州开始，继而流传开来，延续至今。

苏州人清明节都吃些什么

据说春秋战国时期，晋文公历经艰辛终于称王，正当他想要大肆嘉赏有功之臣时，介子推却辞官还乡，携母归隐山林了。晋文公为逼介子推出山，下令放火烧山，却没想到大火烧了三天三夜，介子推和母亲宁可被烧死也不愿下山。晋文公十分后悔，为了纪念介子推，他下令每年的这个时候要"禁火寒食"，不许用火，只准吃冷食，喝凉水，这便是清明节的由来。尽管全国各地都会过清明节，吃寒食，但苏州人却将吃冷食的习俗变得多彩有趣。

焐熟藕

青团子

苏州传统的清明节令食品是青团子和焐熟藕。青团子是取麦苗的汁液，用石灰点化澄清后加入米粉做成的团子，再以豆沙或红枣泥为馅。青团子颜色翠绿，味道香甜可口，在清明节食用最为合适。每到清明节，人们还会从藕池中采摘隔年的老藕，除去枝节末梢，切成薄片，用糯米将两个藕片内灌实，再用牙签将两个藕片固定在一起。将定型好的藕片放入蒸锅内，加入食用碱，再在上面盖些荷叶，大火烧煮，直到藕片变为褐色即为酥熟可食。待到藕片冷却后，将红糖调制成糖浆，用来蘸着藕片食用。

清明除了祭祀扫墓，苏州人还有"戴杨柳球"的习俗。"戴杨柳球"又称"做灯笼"或"点灯笼"。制作时要选取非常细软的杨柳枝，折下后从断裂处把杨柳枝皮四下剥开，用手捏着树皮，顺着枝条向另一端捋去，枝条上的嫩叶会随着树皮被捋至枝条的另一端，卷成一团"翠球"。而褪去了树皮的杨柳枝，细细滑滑又有弹性，用手捏住一端，另一端的"翠球"上下抖动，十分有趣可爱。

旧时的苏州少女、少妇喜欢把"翠球"摘下，插在鬓间，这就是"戴杨柳球"的由来。有时候也可以不用杨柳球，只用一段杨柳枝，斜插入鬓间或发髻。青丝红颜，明眸皓齿，楚楚动人。《吴郡岁华纪丽》中记载了当时的情景："吴中妇女争结杨柳球簪髻，云：'红颜不老，绿云袅袅，风华在鬓边也。'俗谚云：'清明不带柳，红颜成皓首。'则其为俗尚可知矣。"

苏州人过端午节为什么要吃红萝卜

在苏州某些地区，过端午的时候不仅要吃粽子，还要吃红萝卜，这是为什么呢？

据说，这个习俗源于清同治年间的端午节农民起义。同治元年（1862），李鸿章收编了原来太平军林凤翔部下的一支反叛军。在这支队伍中，有一个叫詹以安的七品武官，仗着平叛有功，横行霸道，无恶不作，他手下的人也有样学样，败坏军纪。同治二年（1863），李鸿章命詹以安带领200人乘船到东台大丰一带收购军粮。詹以安的船只停泊在三昧寺码头，他手下的人在东台横行霸市，所到之处无不巧取豪夺，欺男霸女。当时的东台知县高风清、泰州盐运分司萧风孙，对詹军畏之如虎，讨好恭维，对于百姓状告詹军的案件一概不敢受理，于是詹军更加肆无忌惮。老百姓既愤怒又无奈，讽刺他们为"高（风清）枕无忧，萧（风孙）遥自在"。

有一天，詹以安在东台十字街闲逛，无意间瞧见"沈记"熟食店里有一个姑娘长得十分可爱，顿时心生邪念，命手下的爪牙将沈姑娘强抢上船，肆意蹂躏。沈姑娘的父亲沈老汉与詹以安理论讨人，却不想对方仗势欺人，将他一顿毒打，竟生生将人打死。沈姑娘得知噩耗，悲愤交加，趁着守卫不备，纵身投河自尽。不过一日而已，沈母失去丈夫和女儿，痛不欲生，愤恨难平，一头撞向三昧寺的石碑，当场气绝。本来幸福的四口之家，只剩下一个14岁的小女儿。小女儿到县衙击鼓鸣冤，可知县官官相护，不仅没有主持公道，还以诬告罪将她投入监牢，百般折磨。这起冤案成为导火线，点燃了东台人民压抑许久的怒火。他们相约在五月初五端阳节这天起义，以"关帝显灵"为掩护，一手拿钉耙大锹，一手举着红萝卜头为起义标志。数十万民众揭竿而起，尽数烧毁了詹军的兵船，打死了詹以安。东台知县望风而逃，起义军打开监狱，救出了告状的沈女和被欺压冤枉的其他犯人。为了纪念这次起义的胜利和壮举，自此之后，每年的五月初五端午节，东台的人们都要吃红萝卜，而这个习俗也渐渐地在苏州流传开来，延续至今。

苏州人每年"祭张王"祭祀的是谁

在苏州，每年农历的七月三十既是地藏王菩萨的生日，又是苏州人"祭张王"的日子。

"祭张王"的习俗起源于明代初年，明代太仓人陆容的《菽园杂记》中有记载："高皇尝微行至三山街，见老妪门有坐榻，假坐移时，问妪为何许人？妪以苏人对。又问：'张士诚在苏何如？'妪云：'大明皇帝起手时，张王自知非真命天子，全城归附。苏人不受兵戈之苦，至今感德。'"

　　元朝末年，在大丰白驹场的盐民张士诚率领起义军反抗腐败压迫的元朝政府。起义军军纪严明，爱护百姓，每攻下一座城池，不仅对百姓秋毫无犯，还会开仓济赈，留下必要的军备之后，其余的财物通通平均发放给贫苦的农民，因此，苏州的百姓很是爱戴张士诚的起义军，民间一直流传着"死不怨泰州张，生不谢宝应杨"的民谣。后来张士诚投降自缢，保全了苏州全城，使

祭张王

士兵、百姓免受兵戈之乱。所以即便朱元璋打败了张士诚，建立了大明王朝，苏州人民还是依然怀念张士诚的恩泽。

　　为了纪念张士诚，苏州百姓将传统习俗七月三十祭地藏王变为"祭王日"，表面上是在祭祀地藏王菩萨，实则在祭奠"张王"。每到这一天的晚上，家家户户都要在门外摆好一张供台，放上一盏用蛤蜊壳做成的油灯，两边各置一支蜡烛，在正前方点燃"狗屎香"。这"狗屎香"与狗屎并无关系，而是取自"九四"的谐音。张士诚小名九四，明朝时苏州百姓想要祭拜他，却碍于朱元璋的震慑不敢言明，只能对外说成是烧"狗屎香"。点燃香烛后，全家人在供台前跪拜，不停祷告。祭祀完成后，人们便走出家门，带着枝蔓芦柴来到事先约好的地方，柴的一头缚上一炷香，香的末端再系上一束鞭炮，待香慢慢燃尽，火星点着鞭炮，一瞬间火花四溅，响彻云霄，灿烂无比，仿佛天上繁星烁烁。苏州人说，这是"张王睁眼观察人世"。而后，人们吹箫奏乐，欢笑嬉戏，热闹非凡。每年一次的祭祀会持续到午夜时分，尽管在历史的长河里，张士诚的起义是以失败告终，但很多事都难以成败论英雄。在苏州人心里，张士诚就是他们爱戴的大英雄，即便是已过去六百余年，这份怀念依然不会因时光的流逝而褪色。

你知道苏州还有个"观莲节"吗

在苏州，每年的农历六月廿四日是荷花娘娘生日，也被苏州人称为"观莲节""荷花节"。这一天，苏州人倾城而出，纷纷来到荷花荡赏荷花。一时间人潮如织，荷花满塘，画船雕舫，箫奏鼓鸣。远在春秋时期，吴地就有赏荷习俗。当时，夏驾湖、消夏湾、明月湾、白莲池、玩花池为五大赏荷胜地。每当夏末初秋，正值荷花繁茂盛开，红、白、黄三色相映，连绵数十里，灿若锦绣，赏荷人络绎不绝。明清时期，"观莲节"被称为"吴中三大奇俗"之一，文人雅士常常会租一只游船，在荷花深处纳凉赏荷，云遮皓月，香浮画舫，好不惬意。故此便有了沈朝初《忆江南》中的诗句："苏州好，廿四赏荷花。黄石彩桥停画鹢，水精冰窖劈西瓜，痛饮对流霞。"

观莲节

除了观赏荷花，观看采莲也别有一番乐趣。通常负责采莲的多为12岁到17岁的少女，她们模样清秀，上身着绣有荷花的短袖衬衫，下身着齐膝短裙，短裙上也绣有花纹，图案或是翎毛花卉，或是几何图形。短裙的正中间还缝着一个方形的小口袋，可以放一些小物品。采莲的时候，少女们并不是乘船进入荷花荡内，而是以一个圆形或椭圆形的木盆为舟，在盆内放上小板凳，少女们坐在这个小板凳上，以手为桨，轻轻划水，慢慢驶入荷花荡的深处。伴着水面的涟漪，女孩们一边谈笑风生，一边选取成熟的莲蓬，左手轻抓莲梗，右手用莲剪轻轻一剪，转眼间，一柄翡翠色的莲蓬就在她们手中了。整个过程轻巧利落，行云流水，加上少女们充满活力的青春气息，美得宛若从画中走出来一般。既有采莲，当然少不了采莲歌。早在六朝时，随着吴歌的兴盛，清雅别致的采莲歌，便以其温柔婉转的韵律、含蓄多情的唱词和江南水乡独有的风情，在民间广受欢迎。例如南朝乐府的《子夜歌》："我念欢的，子行由豫情。雾露隐芙蓉，见莲不分明。"脍炙人口的《西洲曲》："采莲南塘秋，莲花过人头。低头弄莲子，莲子清如水。"少女们在采莲的同时，轻声吟唱着采莲歌，曲调悠扬，其中还夹杂着欢声笑语，让人心旷神怡。

除了采莲歌，还衍生出了"采莲舞"。人们穿戴着具有江南水乡特色的服饰，轻歌曼舞，轻灵动人，尽显朴实温婉的水乡风情。

你知道七月十五"踏白船"的由来吗

农历七月十五日是中国传统的中元节，也就是大家常说的"鬼节"。苏州人的这一天过得生龙活虎，热闹非凡。因为在这一天，苏州人会举行"踏白船"比赛。

"踏白船"说白了就是赛快船。比赛选用比一般船身要长一点的快船，左右船舷上各安装四至八档桨，船艄两边还都装着橹。此外，船艄向船身两侧水面各伸出一块跳板，名为"出跳"。比赛时会有一名身强力壮的汉子，双手紧抓

踏白船

住橹绷，踏立在跳板上，与橹手相对，一起用力推与扳。每支橹可容纳四五个人，再加上船舱里的数人，大家一起急速划桨，使得船速飞快，水花四溅。比赛激烈时，会有上百条披红戴绿的快船云集湖上，你追我赶，轮番上阵。待锣鼓声急骤响起，橹手、桨手们也加快速度，奋勇争先，不时有船因用力过猛，整个船身急剧摇晃，左右翻侧，只见那些站在跳板上的汉子后背几乎贴近水面，十分惊险。湖中锣鼓喧天，扣人心弦，岸上的观众也是掌声、叫好声、助威声响成一片，甚是热闹。

关于苏州人七月十五"踏白船"的习俗，还有一段有趣的故事。相

传有一个名叫小西村的地方，村上有座三老爷庙。这位三老爷本名姓张，是个渔民子弟。按照习惯，每年的农历七月，村里的渔民们会趁着渔事较闲，选择一个晴天将渔船拖上岸进行修理。等到修好之后，重新抹上一层白油，再将船推下水去。这天呢，又到了拔船上岸的时候，因为张三老爷当时还很年幼，大伙儿推船的时候就没叫他帮忙。等抹完白油，准备推船入水的时候，却发现推船的人无论怎样用力，也不能将船挪动半步。后来，大家发现原来是张三老爷在捣乱，只因没人叫他帮忙，他便在家中生闷气，作法使船不能移动分毫。众人发觉后，便叫张三老爷撤了法术，一起帮忙推船。张三老爷说，推船只需他一人就够了。说完，果真一个人就将船送下了水。只是他在推船时一个不小心，头磕破在船槛上。自此以后，村里的渔民们推船下水总要请张三老爷帮忙。待张三老爷去世后，渔民们集资为他造了一座庙，塑了泥身神像供奉，神像的头上还扎着一块黄布，用来表示遮住张三老爷以前撞破头的地方。每年的七月十五，庙周围的村子还会轮流举办"踏白船"活动，各村都要组织"白船"前来参加比赛，还要把张三老爷的神像供奉在一艘大船上，顺着河流行驶，周游各个村子。等到游行结束，"踏白船"也就正式开始。

如今，三老爷庙虽然已没有了，可是每到七月半，寺庙遗址周围的渔民们仍然会将渔船拖上岸修理，抹上白油，并且举办"踏白船"活动纪念张三老爷。

为何过中秋时苏州人最爱"走月亮"

"走月亮"是苏州人特有的传统习俗。每到八月十五中秋之夜，除了全家人围坐在一起吃个团圆饭，苏州人还会穿上颜色亮丽的新衣服，或是结伴在市集上闲逛，或是在夜色下游览风光，再或是参加文艺汇演等活动。总之，人们大多不会老老实实待在家里，而是会结伴出门游玩，甚至玩个通宵。《岁华忆语》中有记叙："是夜，家人团坐聚饮，曰圆月；出游街市，曰走月。"

蔡云的《吴歈》中说："木犀球压鬓丝香，两两三三姊妹行。行冷不嫌罗袖薄，路遥翻恨绣裙长。"纵然薄衣夜行，却不觉寒冷，路途再远也不觉得劳累，只是嫌弃所穿的绣裙裙摆太长，走路不方便。可见"走月亮"不过是人们在繁重的劳作生活中想要游玩的一个借口罢了。史书记载："中秋，倾城士女出游虎丘，笙歌彻夜。"可见，虎丘应该是苏州人走月亮的主要地方。相传，中秋虎丘曲会最鼎盛的时期是明万历年间，据沈明臣《虎丘看月行》记叙："中秋看月何处好，除却十洲与三岛。东南胜事说苏州，最好从来是虎丘。虎丘十里遥连郭，错落青山尽楼阁。千年霸气剑池寒，一片清光水晶薄。通国如狂歌舞来，木兰载酒笙镛作。男女杂坐生夜光，香风舄履吹交错。歌吹香风真可怜，三三五五各成筵。千人坐满千人坐，千顷云浮千顷烟……"由此可见，历时长达半个月的虎丘曲会活动相当隆重，山光水色，歌舞升平，正可谓盛况空前。

值得一提的是，《浮生六记》卷一"闺房记乐"中也有对吴中走月亮的记叙。话说在一个中秋之夜，沈三白和新婚刚半年的妻子芸娘到附近的沧浪亭休息。夜深微寒，二人便铺了一条毯子，席地而坐。"少焉，一轮明月已上林梢，渐觉风生袖底，月到波心，俗虑尘怀，爽然顿失。"见到此景，芸娘不由得笑着说："虽然今天已经游玩很高兴，但若是能驾一叶小舟，在河里随波摇荡，想来会更惬意几分。"当时的沈三白大病初愈，身体还有点虚弱，所以没能到虎丘参加曲会，但吴中的一些中秋习俗他还是熟悉的。文中还写道："吴俗，妇女是晚不拘大家小户皆出，结队而游，名曰走月亮。沧浪亭幽雅清旷，反无一人至者。"因此，沈三白与芸娘到沧浪亭赏月，在他看来，也可以算作走月亮了。

在苏州"重阳节"为何又叫"女儿节"

中国的传统节日很多，光是别称为"女儿节"的就有四个，时间分别在农历三月初三、五月初五、七月初七和九月初九。

说到九月初九，相比"女儿节"这个别称，更多人想到的恐怕是"重阳节"。说起重阳节的起源，最早可以追溯到汉朝初年。据说那时候每到九月初九，皇宫中的人们会佩戴茱萸，饮菊花酒，以求得健康长寿。

苏州的民俗与特色

后来汉高祖刘邦的爱妃戚夫人被吕后残害后，她的宫女贾某也被逐出宫门，流落民间，这一习俗也因此在民间流传开来。那重阳节为什么又被称作是"女儿节"呢？

苏州重阳节的这个"女儿节"和其他几个"女儿节"有些不一样，它是因女儿归宁日而得名。明末刘侗、于奕正合撰的《帝京景物略》记载："九月九日载酒具茶炉食榼，曰登高……麦饼种枣栗其面，星星然，曰花糕。糕肆，标纸彩旗，曰花糕旗。父母家必迎女来食花糕，或不得迎，母则诟，女则怨诧，小妹则泣，望其姊姨，亦曰女儿节。"古

重阳糕

时若有女子新出嫁，娘家必赠送重阳花糕旗与时鲜盒，称为送"重阳节盒"。出嫁之后，每到九月初九这一天，娘家的父母会煮五色米糕，名为重阳糕或花糕，迎接女儿回家吃花糕。这个习俗直到清末，依然广为盛行。而接女儿回家所食用的花糕，在古籍《燕京岁时记》中也记载得

很清楚："花糕有两种：其一以糖面为之，中夹细果，两层三层不同，乃花糕之美者。其一蒸饼其上，星星然缀以枣栗，乃糕之次者也。每届重阳节，市肆间预为制造，以供用。"如今在北京的街头，不时还能看见有人在卖这种形状的发糕。

关于重阳日归宁的来历，晋代《搜神记》记载，有一丁氏女遭恶婆婆虐待，日夜劳作，永无休息之日。丁氏女不能忍受婆婆折磨，于是在九月初九悬梁自尽。她死后化为游魂，经常托梦劝告世人善待媳妇，并请求于重阳节当天给予她们休息。人们同情丁氏女的遭遇，为她立祠祭祀。自此之后每到重阳节，父母都要把已出嫁的女儿接回来团聚，询问下近况，一来可解父母思女之情，二来也是让妇女们可以有休息的时间。

你知道苏州的"冬至节"吗

冬至本是中国传统的二十四节气之一，但在吴地苏州，冬至却能作为一个节日，受到格外的重视，甚至在苏州人眼中，冬至就和过年一样重要，这是为什么呢？

原来，古时候的苏州奉行的是周朝的历法。3000多年前泰伯和仲雍南奔，建立勾吴，也把周朝的历法带到了苏州。周朝所用的是太阳历，以冬至夜为岁末，相当于大年三十；以冬至日为岁首，相当于新年伊始。这样一来，过冬至节就是过年了。虽然许多年之后，历法不断变更，冬至也不再被当作是过年，但过冬至节的习俗却在苏州传承下来，延续至今。

在冬至节这一天，家家都要挂祖先像，祭拜祖先，家中小辈还要穿上新衣，像过大年一样到长辈处拜谒，称为"贺冬"或"拜冬"。除了"拜冬"，一顿丰盛的冬至夜饭也是必不可少的。在苏州，冬至夜时媳妇必须回婆家吃冬至夜饭，也叫"团圆饭"。所有的饭菜无论是鸡鸭鱼肉还是热炒冷盘，都要换上吉利喜庆的名字，例如蛋饺要叫"元宝"，肉丸要叫"团圆"，粉条要叫"金链条"，黄豆芽要叫"如意菜"，鱼要叫"吃有余"等，这些菜名无不彰显着苏州人对美好生活的向往之情。苏州人还有"冬至馄饨夏至面"的说法，所以冬至夜的主食一般都是馄饨。中国古代有"天圆地方"之说，于是在人们眼中，方方的馄饨皮就代表地，中间包的馅就是天，两者包在一起是"天地相融"的"混沌世界"。在冬至节吃馄饨，则象征着吃掉"混沌世界"，还人间一个清平盛世。关于馄饨名字的由来，还有一个有趣的故事。相传吴王夫差吃惯了山珍海味，觉得吃什么都没有胃口，西施就亲自

冬酿酒

到御厨那里包了一种点心献给吴王。吴王从未吃过如此鲜美的点心，一口气吃了一大碗，还问西施这点心的名字。西施心想：这吴王昏庸无道，整日浑浑噩噩混沌不开，便随口答道："这点心名为'混沌'。"后来"混沌"就演变为了"馄饨"，并流传至今。

除了"吉祥菜"和"馄饨"，冬酿酒也是苏州人冬至夜餐桌上不可缺少的一部分。苏州人性情温和淡雅，发明的冬酿酒也如当地人一般，清香而不浓烈，是老少皆宜的饮品。再配以卤牛肉、卤羊肉等各式各样的卤菜，在寒冬腊月里不仅能驱除寒意，还为人们的生活增添了色彩和乐趣。苏州人在冬至时还会做"冬至团""酱方"等别具特色的当地美食。值得一提的是，除了会准备好吃的外，苏州人还会"卜晴"，正所谓"干净冬至邋遢年，邋遢冬至干净年"，指的便是冬至前后若逢雨雪，则除夕天气晴朗；若冬至时天晴，则除夕会有雨雪，道路泥泞。先且不论真假，听着就很有趣。

苏州的民间艺术

你知道苏州的"宣卷"表演吗

"宣卷"是宣讲宝卷的简称，起源于唐代的"信讲"和宋代的"谈经"，一开始只是唐宋时期的宗教活动，后来渐渐发展成为一种说唱形式的表演，到了清代更是出现了以唱宣卷为职业的艺人，在江浙沪一带的民间活动中颇为盛行。通常由一人主宣，二人帮衬，小乐队伴奏，表演形式接近苏州评弹，但又不完全相同，可以说宣卷更具特色。讲时用"白"，也就是散文；唱时用"偈"，也叫"吟"，即韵文。很多时候都是用当地的方言土语演唱。在以前，宣卷大多是在庙会、婚礼、祝寿、过生日等喜事举办时表演。

宣卷在苏南一带极为盛行，在农村，但凡有喜事发生，例如老人做寿、有人结婚时，都会请人来宣卷，以此祈求平安吉祥。宣卷表演一般由六到八人组成，他们进入主家堂屋，在两张方桌拼成的宣卷台两旁分两边坐好，然后就可以开始说唱表演了。宣

宣卷表演

苏州的民俗与特色

卷脚本的内容大都是前人留下的老唱本，核心主题都是"劝人为善"的一些道理。宣卷艺人用说故事的形式，向人们讲述这些民间故事和民间传说，所以宣卷艺人有时候又被称为"说讲人"。由于听众大都是本地农民，所以宣卷艺人会特别采用通俗易懂的语言和说讲方式，吸引和取悦观众。最开始的时候，宣卷艺人都是单人说讲，因为自身的文化水平也很有限，他们表演的宣卷也没有脚本，所以宣卷时所说讲的故事情节都是从平时观看的古装戏中照搬过来，宣卷艺人们根据记忆中的情节，在纸卷上写好自编的唱词，表演时只需将纸卷摊在桌上，用通俗的语言宣讲卷中故事即可，表演过程中还会根据情节加入应景的即兴演唱。后来为了增加演出气氛，宣卷艺人还给自己配备了一只木鱼，伴着几曲自编的"经赞调"，边敲边唱，这便是最早的木鱼宣卷。再后来，随着宣卷艺术的不断进步和完善，宣卷艺人们更加注重表演形式和技巧。他们脱下土布衣，改穿长衫服，配丝绢，拿折扇，并增加两名女演员作帮衬。表演时有问有答，有来有往，有呼有应，一改以往一人说讲的单调表演形式。木鱼也换成了二胡、三弦、竹笛、扬琴、琵琶等类民族乐器，自此木鱼宣卷渐渐演变成了一直延续至今的丝弦宣卷。

由于时代的变迁，宣卷在中华人民共和国成立后一度沉寂，很多中国的传统文化已难找寻到传承人。但在苏州锦溪，宣卷却一再展现它顽强的生命力。改革开放之后，随着民间文艺的繁荣，锦溪的乡间街坊又兴起了宣卷热。直到2006年，锦溪宣卷被列入苏州市级非物质文化遗产保护名录，后来又成为江苏省第一批非物质文化遗产名录扩展项目。

你知道"中国四大名绣"之一"苏绣"吗

人们习惯把中国东部江苏省的"苏绣"、南部广东省的"粤绣"、西部四川省的"蜀绣"和中部湖南省的"湘绣"合称为"中国四大名绣"。

苏绣原本是苏州地方刺绣，最早起源于苏州吴县一带，后来发展兴盛，流传日益广泛，如今已遍及常州、无锡、扬州、宿迁等地。关于苏绣的产生时间，有说法是最早起源于春秋时期，据西汉刘向《说苑》记载，春秋吴国贵族经常"绣饰华丽"，日常衣物甚至陈设饰品上都有用"丝绣"点缀。但这也只是在书文中有所记载，并无实物佐证这种"丝绣"就是真正意义上的苏绣。20世纪70年代，苏州出土的几幅南宋苏绣经袱可以证明早在1100多年前苏绣就已经出现。在南宋之后的数百年间，苏绣的发展进入鼎盛时期，无数的苏绣名家层出不穷，将苏绣文化的精妙和魅力呈现在大众眼前。

苏绣最早的起源于"女红"，古时待嫁闺中的少女，不被允许走出绣阁一步，要在家中学习女红。母教女、嫂教姑，代代相传，女红是少女们的必修课，即使是家世显赫的女子也不例外。苏州为苏绣的发源地，对苏绣尤为重视。那时候每当适龄的女子要谈婚论嫁时，男方家总要先向媒人求取一两件姑娘的绣品，那时的人认为从绣品的图案针脚就能判断出未来媳妇是否灵巧和贤淑。既然绣品有着如此重要的意义，又是女儿家的私物，自然是不可轻易示人的。事实上，在明代以前，苏绣的技艺也确实一直深藏绣阁，只有在作为嫁妆陪嫁，或是作为礼佛之物时才可示人。但到了明代以后，苏州以及邻近的常州、无锡成为江南丝织中心，苏绣也终于走出闺阁，被称为"江南绣魁"。明清两朝可以说是苏绣发展的鼎盛时段，也正是在这一时期，苏绣"平、齐、和、光、顺、匀"的工艺特色最终定型。明朝中叶，中央政府开始在苏州设置染织局，专门管理苏绣。到了清代，苏州更是被时人称作"江南绣市"，在最繁荣的时候，苏州共有百余家大型绣庄，数万名绣工，各路刺绣高手在苏州同城竞技，热闹非凡。从那时流传下来的绣庄，如今大多集中在苏州老城的东中市、西中市和汤家巷一带，左右毗连，对门即是。不过，在当时经营一个大绣庄并不是一件容易的事，经营者首先要有雄厚的资金，因为所有苏绣原料都价格不菲。苏绣的纹样也不断更新，受到众人的追捧与喜爱。在苏绣快速发展的那段时期，"新安商帮"与"吴门画派"发挥了决定性的作用。金淑芳、凌杼、薛素素、沈寿等苏绣名家也在苏绣文化的历史上谱写了一段又一段的传奇。

你知道张謇与沈寿的苏绣情谊吗

张謇，字季直，祖籍江苏常熟，生于江苏南通海门，是中国近代实业家、教育家，也是中国棉纺织领域早期的开拓者。他创办了中国第一所纺织专业学校，开创了中国纺织高等教育之先河；首次建立棉纺织原料供应基地，进行棉花改良和推广种植，为中国民族纺织工业的发展壮大做出了重要贡献。

张謇

沈寿，初名云芝，号雪宧，生于江苏吴县，客居南通，从小便学习苏绣，16岁时就已是远近闻名的绣娘。早年因丈夫的关系，沈云芝绣了《八仙上寿图》八幅景屏，献于慈禧太后作为祝寿贺礼，慈禧十分高兴，特意召见并赐"寿"字，于是沈云芝便按照丈夫的意愿易名为"沈寿"。沈寿的绣工精绝巧妙，对美术技艺有独特的见解，因此曾受清政府委派远赴日本考察，交流和研究日本的刺绣和绘画艺术；发明"仿真绣"，为中国近代刺绣开拓了新的风格；被张謇委任为江苏南通女红传习所所长。1911年，沈寿所绣的《意大利皇后爱丽娜像》，曾作为国礼赠送意大利，一时轰动意大利全国，并获得了"世界至大荣誉最高级卓越奖"。次年，她的《耶稣像》也在美国旧金山"巴拿马—太平洋国际博览会"中荣获一等奖。

沈寿

只可惜红颜薄命。沈寿在她艺术生涯最为辉煌的时候辞世，而她这一生的感情之路也颇为坎坷。沈寿的丈夫余觉，少年得志，自命不凡，在与沈寿成婚后的前几年，倒也夫妻恩爱，日子过得其乐融融。之后，沈寿因其绣工声名鹊起，两人之间也渐渐有了距离。直到后来，余觉竟然连娶了两房小妾，彻底冷落了沈寿。

就在这个时候，张謇出现在了沈寿的生命中，既是她的伯乐，又是她最虔诚的崇拜者。时任江苏咨议局局长的张謇，指名要沈寿主持南通女子师范学校绣工科，在张謇的帮助和支持下，她的艺术实践得到了理性的升华。沈寿在南通讲艺8年，孜孜不倦，悉心教诲。近代以后，江南的刺绣高手大多出自她的门下。在沈寿病情最为严重的那几年，张謇把自己的豪宅"谦亭"让出来供她养病，饮食起居，事无巨细地关怀着她。这也是一向注重分寸和尺度的张謇做过的最"任性"的事。张謇的付出和支持，沈寿一直都看在眼里，说不感动那是不可能的。于是，她在缠绵病榻之时，仍强撑起身剪落自己的长发，用青丝绣成"谦亭"二字送给张謇留念。并在临终之前表示，死后埋于南通黄泥山墓地，不回夫家安葬。在封建意识浓厚的年代，做出这个决定是需要极大勇气的。由此可见，沈寿是一名敢爱敢恨的女子。沈寿去世后，她的丈夫余觉曾两次拟在国外出售沈寿的绣品，是张謇多次电示，只准展览，无论什么高价都不要出售。最后，张謇把所有留存的绣品都交给了博物馆保存，为后人留下了珍贵的艺术财富。

在沈寿最后的日子里，深恐绝艺失传，便自己口述绣技，由张謇执笔记述，一个是病入膏肓的妇人，一个是年过六旬的老者，一个讲，一个写，夜以继日。此情此景，殊可动人。半年后，我国第一部系统的刺绣工艺理论著作——《雪宧绣谱》得以出版，张謇亲自为之作序，庆幸的是，这本沈寿毕生的心血能在她生前得以出版。

在沈寿去世5年之后，张謇也去世了。他的陪葬品很简单，只有一顶礼帽、一副眼镜、一把折扇，还有一对金属的小盒子，分别装着一粒牙齿，一束胎发。他们的坟墓相去不远，遥遥相望，每天听着滚滚长江流水的波涛声。

苏州缂丝为什么不算是刺绣

中国的传统工艺缂丝又被称为"刻丝""克丝"或"尅丝"，在以前还有"长刻丝""刻丝作""刻色"等说法。在海外，缂丝有时又被称作"缀锦""缀织""织成锦"等。在古书《玉篇》中有记载："缂，织纬也。"直接说明了缂丝其实是纺织品，而不是绣品，这也就是缂丝不能被算作是刺绣的重要原因。因为由缂丝工艺织造的作品在图案与素地接合处有

缂丝

较为明显的高低之分，呈现一丝裂痕，就像是镂刻上去的，所以被称作"刻丝"。成品正反两面皆有花纹，图案如一，与苏绣中的双面绣可谓是有异曲同工之妙。缂丝、刺绣、牙雕、玉雕被称为中国四大特色工艺，只是相比于后三种工艺，缂丝的知名度要低很多。缂丝还与云锦并称为中国两大珍品手工丝织物。在古代，更是有"织中之圣"和"一寸缂丝一寸金"

的美誉。因为缂丝织品可以保存很长的时间，经得起历史的考验，所以又被称为"千年不坏的艺术织品"。

关于缂丝工艺的发源地，一直以来说法不一，较为可信的是，缂丝工艺的正宗传承地应该是苏州，而现今缂丝工艺已经被列为非物质文化遗产，它的传承代表人物是苏州的工艺大师王金山。缂丝工艺的历史十分悠久，考古学家们曾在楼兰古城遗址和马王堆都发现了使用"缂丝"工艺的丝毛织品，说明"缂丝"工艺的历史远比我们想得更加久远。缂丝工艺的飞速发展是在唐宋时期，靖康之后，南宋小朝廷迁都杭州，缂丝工艺也开始在南方扎根发展。这一时期较为有名的作品要数苏州名工

巧匠沈子蕃的织品，故宫博物院内至今还有他的遗作。到了元代，缂丝作品多为线条较粗犷的佛像，例如释迦牟尼唐卡。明朝之后，苏州的缂丝工艺加入了新的元素，吴圻、朱良栋、王统等缂丝艺人尝试将名画融入缂丝工艺中，并缂织沈周、唐寅、文徵明等人的画稿。这些织品在当时极受欢迎，名噪一时。

后来，缂丝生产被皇室垄断后，装饰意味就变得极为浓厚，并创造出了凤尾戗和双子母戗等新的技法，甚至在纬线中掺和了孔雀翎毛等珍贵材质以彰显皇家风范。时至晚清，随着国势衰弱，战乱不断，缂丝工业也走向了衰败，缂丝织品的品质开始变得粗劣，即使是宫中所用之物也罕见有精品出现。

缂丝工艺在中华人民共和国成立后得到了保护和发展，改革开放后的苏州先后建立了苏州缂丝厂、吴县东山缂丝厂、蠡口缂丝厂、黄桥缂丝厂和陆慕缂丝厂，被人们合称为五大缂丝龙头厂，一时间从事缂丝工艺的人员超过一万人次。也是在这个时期出现了很多传世佳作，例如摹缂张大千的《花鸟》、范曾的《东坡吟啸图》等。

果核上能雕刻出万千世界吗

核雕在中国已经有一定的历史，而苏州核雕便是其中的佼佼者。这种在果核上的雕刻艺术，体积不过一寸之间，可利用的空间也极其有限，但核雕的技艺精髓和艺冠众工却全凭了这个"小"字。要知道，在果核上施展刀工，就像是单人独马过独木桥，一旦向前迈出一步，就再也不可犹豫，不能停留。游走的刀锋就像是疾步奔腾的马蹄，能否顺利完成全靠运刀走刃的技艺和扬

核雕

鞭策马的果敢。

好的核雕作品表现的往往都是生活中最常见的事物。山水草木、容貌神态、屋宇梁架、四时景色，样样都是寻常事物的浓缩与展现。所以说"鬼神易好，犬马难成"，这世上最难表现的往往都是最熟悉的。不过方寸之间的核雕，却能容大千世界，难怪在400多年前，明代书画家李日华初次见到核雕时会心潮澎湃，激动不已地说："虞山王叔远有绝巧，能于桃核上雕镂种种，细如毫发，无不明了者。"在他之后的魏学洢见到王叔远的核雕时，也同样被其高超的技艺和精妙绝伦的作品所震撼，并写下了如今我们熟知的《核舟记》。也正是通过这些记载，我们才能了解到核雕的历史和文化，才会知道孕育了众多工艺美术形式的苏州，也同样滋养了核雕艺术，并推进其发展。

客观上来讲，温婉灵秀、讲究精致的苏州确实十分适合精微奇谲的果核雕刻艺术的发展。虽然明清时候有关于核雕的记载文字不多，但是有限的文字记载中，苏州核雕出现的频率却不少。王叔远、顾四、沈君玉和杜士元都出现在这些文人的笔墨之下，甚至在常熟博物馆里还收藏着一枚清代核雕艺术家杜士元的"核舟"。虽然这些百年前的艺术家都已逝去，只给后世留下精巧奇绝的作品和一个个的传说，但核雕艺术的发展进程却远远没有结束。苏州匠人仍然以最原始的手工技艺和最认真执着的态度，延续着核雕工艺的神话。在由文化部民族民间文艺中心主办的"首届全国民间核雕艺术大赛"上，苏州核雕一举囊括所有的金奖。苏州核雕师们在北京雕刻技艺的精彩表现，再次引发了人们对苏州核雕的关注，苏州人百年来一直传承的核雕手艺也再次被世人所熟知。可以说，是苏州核雕让这一古老的"鬼斧"工艺在当代核雕师们的手中焕发出新的生机。

你知道弥古创新的苏州剪纸吗

剪纸是我国历史非常悠久的一门传统工艺，也被称作刻纸、窗花或剪画。严格来讲，它应算作是一门镂空艺术，通过剪刀、剪纸刀或刻刀在纸张、金银箔、布、皮、革甚至是树皮、树叶等片状材料上剪刻出各种图案或花纹，在视觉上给人以透空、简洁的感觉，在情感上给人以单纯、明快的艺术享受。关于剪刻内容的选取，大多是从丰富多彩的生活中有所感悟，提炼素材，再将参差、疏密以及不规则的线条用夸张的艺术手法自由组合，构成美妙的图景。

说到民间剪纸的历史，苏州可以说是中国剪纸流行最早的地区，也是最具独特艺术魅力的城市之一。从唐代开始，苏州的剪纸艺术就已经大量应用到其他工艺上了。杜甫有诗云："暖水濯我足，剪纸招我魂。"当时的剪纸艺术正处于快速发展时期。不仅如此，人们还利用剪纸工艺制作出漏版印花板，也就是将厚纸雕刻成花版，再将染料漏印

剪纸

到布匹上，由此便可以形成美丽的图案，印花板也可反复使用。剪纸工艺还被用于制作彩灯，闻名天下的苏州彩灯便是在纸灯上绘制彩绘图案，或是将五光十色的蜡纸镂刻纹样粘贴于纸灯之上，再衬以金灿灿的底纸，显得十分华丽。在当时有"镂金作胜"的说法，"胜"指的是用纸、金银箔或丝帛剪刻而成的花样。剪成几何方形的称作"方胜"，剪成花草形的称作"华胜"，剪成人形的就称作"人胜"。

到了明清之后，剪纸工艺在苏州百姓之中流传开来，很多妇女都剪得一手好图样。每到除夕、元宵等重大节庆日，家家户户都会张贴梅花、喜鹊、福寿等吉祥图案，用来装饰门窗，烘托节日气氛。新婚时布置新房和嫁妆，也要贴上"囍"字或"龙凤"，以示喜庆。据《苏州府志》记载："赵萼，嘉靖中制夹纱灯，以料纸刻成花竹禽鸟之状，随轻重晕色，溶蜡涂染。用轻绡夹之，映日则光明莹彻，芬菲翔舞，恍在轻烟之中，

与真者莫辨。"这种夹纱灯便是将剪纸夹在薄薄的纱布之中，再以烛光映出花纹，也就是现在"走马灯"的原型。

如今的苏州剪纸将敢于探索、形式多变作为发展的一大特色。苏州剪纸工艺的传承人金国荣认为弥古创新是一切艺术形式的灵魂，他对剪纸的形式不断探索与创新，尝试了以树叶为材料的作品创作，还尝试在荷叶上剪，在真丝上剪，并取得了非凡的成绩，可以说是匠心独具。

你知道被誉为"中国魔方"的"阮氏九连环"吗

九连环作为中国最古老的智慧玩具之一，曾经风靡一时。据记载，早在宋代民间就已经颇为流行，如此算来，九连环至少已有800年的历史。《红楼梦》中也都有提到：林黛玉从苏州带去的九连环，引得贾府上下兴趣盎然。史书上也有对九连环的介绍，《战国策·齐策六》里记载，秦昭王派了个使者到齐国访问，送给齐国王妃一个玉连环，并在朝野之上出了一道难题："听说齐国人都很聪明，不知是否有人能解开这个玉连环？"齐国王妃拿给大臣们看，大臣们都纷纷摇头，表示解不开。无奈之下，齐国王妃只好用锥子把它敲断，说道："这就算解了吧。"九连环也被誉为"中国魔方"。

在苏州，说到九连环就不得不提拥有200年历史的"阮氏巧环"。如今"阮氏巧环"的传承人名叫阮和平，创始人是他的祖父。起初这一民间传统技艺只是一个单一的九连环，但到了阮和平的父亲阮刘淇手里，经过他的奇思妙想，九连环快速发展，延展出三十多种巧环。到了阮和平这一代，不仅继承了他父亲的全部手艺，更匠心独具，推陈出新，自创了很多造型新颖的九连环，也使得这门手

阮氏九连环

艺更加受到人们的喜爱和欢迎，将这项传统的民间游戏发展成为一门多彩的艺术。阮和平在兄弟姐妹中排行十三，自幼聪颖好学，8岁就开始跟着父亲学艺。一开始只能帮父亲做一些手柄之类简单的工作，后来，他的父亲有意识地给他布置一些"作业"，从这门手艺的基本功开始锻炼阮和平。学做九连环的第一个步骤就是拉线，拉线最看重手指的力量，通常一根丝线能承受5公斤的拉力，却需要用15公斤的手力去控制丝线。阮和平曾和别人说过："必须有强劲的手力才能让线在手上收发自如，圆润自然。而自己也能体会出线自身的每一个转折，根据转折塑造各种图形，这番功力不是一朝一夕可以练成的。"多年的练习和制作巧环，让阮和平的双手布满老茧，老茧被磨出了血泡，血泡上又添新茧。除了刻苦的基本功练习，制作巧环还需要数学基础，才能够演算和构思出千变万化的新颖巧环。

不过，对于传统文化的传承，阮和平还是有些担心，毕竟现在关注这些传统技艺的人实在是太少。九连环这项民间益智游戏究竟能走多远，阮和平多少还是有些担忧的，老人现在最大的心愿，就是希望能留住这项非物质文化遗产，让这项手艺在苏州绵延流传。

昆剧为什么被称作"中国戏曲之母"

昆剧是以昆腔声腔为核心的中国古典戏曲剧种，原名叫"昆山腔"，简称"昆腔"。据考证，昆剧起源于元末明初，产生于江苏昆山一带，是南曲声腔的一个流派。清代之后被称为"昆曲"，后来又被称作"昆剧"。昆剧作为曾经在全国范围内有着巨大影响的声腔剧种，很多剧种都是以昆

昆剧

剧为基础发展起来的，所以昆剧又被称作"中国戏曲之母"。

昆剧行腔优美，缠绵婉转，是一种歌、舞、介、白各种表演形式相互配合的综合艺术。表演者将歌唱的旋律与舞蹈的身段结合得巧妙和谐，用载歌载舞的形式讲述故事，完成表演。昆剧的戏曲舞蹈吸收继承了古代民间舞蹈和宫廷舞蹈的传统模式，将说唱与舞蹈紧密结合，又经过长期的舞台表演实践，逐渐积累了丰富的演出经验。后来，为了适应叙事写景的演出需要，还创造出了许多侧重于描写的舞蹈表演，与故事配合，成为叙事性较强的折子戏。所以，若是单从昆剧的舞蹈身段来讲，可以将昆剧大致分为两种：一种是着重写意的舞蹈，由表演者说话时的辅助姿态和由手势发展起来的；另一种是配合唱词的抒情舞蹈，既有精湛的舞蹈动作，又可以直观地表达人物性格和曲辞意义。

除了优美写意的舞蹈，昆剧的舞台美术也十分讲究，主要体现在丰富的服装式样，别致的色彩和装饰，以及脸谱的使用。昆剧的大部分服装继承了元明以来戏曲角色的服装样式，但也有些服装借鉴了当时社会上流行的穿着。武将们各式戎装，文官也有各种依照当时封建制度等级不同而设定的穿戴。脸谱大多用于净、丑两行，有些生、旦的极个别人物也偶尔会采用，例如孙悟空（生）、钟无艳（旦），颜色也都基本用红、白、黑三色展现人物性格。

昆剧的念白也十分有特点。因为昆剧是从吴中地区发展起来的，所以它的语音里会有明显的吴侬软语的特点。而且，丑角的念白是一种基于吴中方言的地方白，例如苏白、扬州白等。这些吴中一带的市井语言，具有十分浓厚的生活气息，将这种快板式的韵白用于表演，极具地方特色。百年来的表演经验，使得昆剧逐渐形成一套完整的演唱理论，对于演唱者的字声、行腔、节奏等都有极其严格的规范。

昆剧作为中国戏曲史上具有最完整表演体系的剧种，在我国文学史、戏曲史、音乐史和舞蹈史上都有着重要的地位。2001年，昆剧正式被联合国教科文组织命名为人类口头遗产和非物质文化遗产代表作。

苏州的休闲娱乐

你知道苏州的"秤俗"吗

秤在古时的苏州可不仅仅是商品交易的工具，还具有其他的重要意义。作为生意人，秤是不能离身的，它象征着源源不断的财富。因此，很多生意人会把秤钩称为"金钩子"、秤盘称为"聚宝盆"、秤杆称为"如意棒"、秤锤称为"招财童子"。可是秤不应该是财富的象征吗？又和长寿有什么关系？

据传说，在最开始的时候，人们将十两算作一斤。但有很多唯利是图的生意人，常常在秤上做手脚，缺斤少两、弄虚作假的事经常发生，百姓们也时常吃哑巴亏。后来，这些事情引起了官府的注意，为了规范市场交易，官方决定制定新的称量规格。那时候，天上有三个很有名的星座，分别是北斗七星、南斗六星和福禄寿三星。这些星座主宰着人们的福祸寿命，于是官方便把这三个星座合在一起，称为"秤星"，并对外宣称：天上一颗星对应地上一个人，星星陨落便预示着此人寿命已尽，以此来告诫那些阳奉阴违、缺斤少两的人。于是，十六两秤很快就在民间流行起来，那些喜欢损人利己的商贩也不敢再做缺德事。也是自此，秤在人们心中有了代表公正无私、光明磊落的意义。

除了是公正的象征，因为"秤星"谐音"称心"，所以在结婚、生子、祝寿等喜事时，秤又起到相当大的作用。在嫁娶之时，要用红纸裹上一杆秤放在新床新被中，新郎为新娘挑起红头巾时也要用秤杆，挑开头巾后若双方相视一笑，则说明两人都"称心"。每到婴儿满月时，苏州人还有"抓揪"的习俗，在婴儿身边除了摆放算盘、文房四宝等物什，还会放上一杆秤，若是婴儿抓着了秤杆，则预示将来一定能财源广进，富甲一方。

在苏州南部的许多农村，上梁时都将镰刀、尺子、镜子和秤杆拴在朱筛上，据说这么做既能祈福又辟邪。太湖的渔民则会在新船下水时，在船舱里摆上"聚宝盆"，"聚宝盆"里除了装着糕团、花果，还会有一杆秤杆。而很多商家对于秤的用途就更为重视了。每年的大年初五是接财神的日子，很多商家会在秤杆上贴上一张"日进斗金"的红签，然后插在盛有白米的斗中，供奉在财神前，以求来年财运亨通，生意兴隆。

苏州人为什么喜爱"做酱"

在过去，做酱对于苏州人来说可是一件大事。每到做酱的时节，苏州人家的女眷们即便再忙，也会像做苏绣一样细致精心，甚至有的人还会拿出自己心爱的画有漂亮彩绘的白瓷狮子缸，用来存放"酱糊"。而盖在狮子缸上的纱布，她们也隔三岔五地搓洗，雪白布兜在上面显得更干净整洁。梅雨时节来袭，天气阴晴反复，她们就更加繁忙。遇到下雨，她们急忙跑出门去，把屋外的狮子缸捧进来。等雨刚停，天空放晴，她们又忙不迭地再把狮子缸捧出去，放到阳光下。一天下来，要几次地进进出出，来来回回，可是这些女眷们却忙得不亦乐乎。若是有事需要外出，出门前定会一遍又一遍地叮嘱家里人照看好自己的一缸酱。反反复复地叮咛嘱托，始终是放心不下，仿佛那一缸酱是有生命的孩童一般，被她们倾注了许多的关爱与呵护。不过，你若是见到她们那种兴高采烈乐在其中的样子，就会明白原来做酱的过程也可以让人如此享受。

大约在三伏天过后，合酱完成了。这个时候的酱呈深褐色，用筷子轻轻一搅，甜香四溢，浓郁扑鼻。苏州人会在缸内插入一个圆筒形的漏斗，以便让澄清酱汁渗出，尝上一口酱汁，顿觉鲜美无比，苏州人便把这最初的酱汁收集起来，作为"母油"。除去母油之后的酱汁，被叫作"抽油"，是家家户户做饭烧菜的绝佳佐料。据说，传统的苏帮名菜中有一道名为"母油鸭"，就是用酿造好的母油烹调鸭肉而成的。

过去的苏州人家习惯年年做酱，年年吃新酱，因为如果时间久了变成了"陈酱"，就会失去那种酿酱特有的原汁鲜味。有的人家每年"合酱"完成时，会先炒上一锅"八宝酱"。通常是先将豆腐干、笋丁等食材在春季时就用油熬好，密封储存至入秋。制作八宝酱时，开启食材，再加入肉丁、虾干、毛豆、花生米等，和着新酱一起下油锅翻炒。一时间，酱香混合着各种食材的香气弥漫在屋内屋外，让人垂涎三尺。而且，这种家常的八宝酱既可下饭拌面，又可作佐酒小菜，吃粥吃饭都很受用，一缸酱也能保存很长时间，十分方便。

除了自家享用，每当新酱做成时，苏州人也会邀请街坊四邻尝点尝尝。有的人家手艺精良，所做的酱品可以当作礼物馈赠亲友。赠者随意，食者满意，这赠酱也成了一种交往方式。不过，虽然每年家家户户都会做酱，但要想吃到那些女眷们狮子缸的"珍品"，恐怕得是至交亲友才会有那般口福！

苏州人做的酱有什么与众不同

每年到石榴花开的时节，就意味着江南一带要迎来梅雨季节，天气忽冷忽热，忽晴忽雨。北方人十分不喜欢这种潮湿的气候，但对苏州人来说，梅雨时节正是植物生长最旺盛的时候。在这草木葱郁、生机勃勃的日子里，苏州人要做一件十分重要的事，那就是做酱。

做酱又叫"合酱"，在苏州方言里，"合"字被读作"葛"音，所以听起来就是"葛酱"。做酱的原料主要有两样：一个是面粉，不需要太精细的那种；另一个是黄豆或蚕豆，蚕豆最好选取当年晒老的"新蚕豆"。用不同的豆类做出的酱味道也不同，黄豆做的酱会比较鲜，蚕豆做的酱则比较甜，所以苏州人又把蚕豆酱称作"甜蜜酱"。还有一种既放黄豆又放蚕豆的酱，被称作"双缸酱"，其味道鲜中带甜，甚是美味，也最符合苏州人的口味。做酱前要准备一种敞口的小缸，一般人家用它能做20斤左右的酱。如果是用蚕豆做酱，需要先剥皮分瓣，这也是有技巧的。先用水浸泡蚕豆，然后取一把菜刀，翻转过来刀刃朝上，将蚕豆大头朝下，让豆缝凹处刚好"骑立"在刀刃上，再用小榔头轻轻磕一下蚕豆，蚕豆顿时就会被一劈为二，然后就可以剥皮去壳，分离出豆瓣。用这种方法一点儿也不会伤到手，而且熟能生巧后，效率会很高。待整理出黄豆、蚕豆豆瓣后，把所有豆瓣洗净泡软，然后就可以和着面粉入锅蒸煮，直至蒸成豆糕。待不多时，掀笼出糕，满屋豆香四溢，引得周围的孩童们个个垂涎三尺，纷纷讨食。等到豆糕出笼变凉后，把它切成比麻将牌更小的方块，放置在饭箩、竹匾等容器里，再在上面盖上旧报纸之类的东西遮挡灰尘。制酱要靠发霉，发霉越严重，就意味着真菌越多，酱味越鲜。在苏州吴语里，这发霉的过程被叫作"罨酱黄"。在《广韵》一书中有对"罨"字的解释，意思是上遮东西，底下透风。待到真菌长足后，就把"酱黄"放到太阳底下暴晒，晒成黄绿色。

酱黄晒硬后就可以准备小缸进行"合酱"了。按照大约10∶4的比例加水放盐，熬制盐水。将滤去盐脚的盐水倒入事先洗净的缸内，接着再把"酱黄"放入盐水中浸泡三天，等到"酱黄"充分吸足盐水变软后，选一个天气晴朗的日子，将酱黄块用手捏碎，搅拌至粥糊状，放置在太阳底下暴晒。通常来讲，晒酱的阳光越强烈越好，在这期间能明显看到酱缸里"酱黄"的颜色一天天变深，过不了多久，就会有阵阵酱香飘出。

做酱是件需要耐心的事。在合酱期间，要用细白纱布蒙住敞口酱缸，以防有虫子或灰尘落入酱缸，但偶尔也要掀开纱布让酱充分暴晒。夜间露水深重，也需要把酱缸上的遮盖物去掉，让酱吸足露水，因此，在苏州流传着一句"日晒夜露方成酱"的俗语。每日清晨，还要"搅酱"。据说，如果等太阳完全出来后搅酱，酱会被太阳晒热，一搅动便会发酸变质，只有在清晨时分，趁日头未出，才可以搅酱。而搅酱则是为了让酱日晒均匀，搅拌时如果觉得酱汁有些黏稠，可以稍微添加些凉盐开水。

苏州人除夕夜为什么要去寒山寺

"姑苏城外寒山寺，夜半钟声到客船。"除夕夜寒山寺听钟声活动自1979年创立至今，已经有几十年的历史了，可以称得上是我国发起最早、影响最广、经久不衰的专项旅游活动。每到除夕之夜，宾客们欢聚一堂，一起吃年夜饭，迎接新年的到来。有的宾客会驱车前往枫桥古镇，参与新年庙会。在那里可以观赏到苏州特有的姑苏龙灯、跳家官、杂技、歌舞、评弹等地方特色表演。在新年钟声敲响之前，寒山寺方丈会为宾客们祷告祈福，苏州市市长会致新年贺词，然后众人一起聆听108下新年钟声。待钟声落下，众人四散，各自回去吃完一碗"年越面"后，整个欢庆活动才算结束。

寒山寺位于苏州城西枫桥镇，于南朝梁天监年间建造，当时取名为"妙利普明塔院"，直到唐朝才改叫"寒山寺"。除夕钟声要敲108下，代

寒山寺

表着一年之中的12个月、24个节气和72个候，总计108。声响108下寓意除旧迎新，新年是新的开始。

如今每年的除夕夜，寒山寺的钟声都会准时敲响，庄严而悠扬。

"虎丘不断四时花"是什么意思

从新石器时代彩陶的纹饰到历朝历代工艺品的装饰图案，丹青咏吟，居家清供，甚至是亲友之间的礼物馈赠，花卉可谓是出现最为频繁的选择，也是人类在大自然中最早的审美对象。封建时代，但凡人文荟萃、风物繁华的地方，莳花种草的行当总是比较盛行的。苏州作为日照充裕、雨水丰沛的江南地区，自然少不了规模宏大的花事活动。人言道："十里栽花算种田"，虽有夸张，但却十分切合苏州人对莳花种草一类事的推崇和喜爱。

在苏州，二月十二也就是仲春春花最为繁盛之际，被称为"百花生日"。据记载，在这一天苏州人会请"闺中女郎剪五色彩缯，黏花枝上，谓之赏红。虎丘花神庙，击牲献乐，以祝仙诞，谓之花朝"。在虎丘附近，有不止一座花神庙。老庙建立于明洪武年间，位于桐桥内，供奉的是司花神的神像。另外一座较"新"的花神庙则是清乾隆四十九年（1784）建造，庙中祭祀的不是花神，而是乾隆年间的虎丘人陈维秀。这是为什么呢？如果你看过《虎丘花神庙记》中的这段文字，你就会明白其中的缘由了。据书中记载："乾隆庚子春高宗南巡，台使者檄取'唐花'备进，吴市莫测其术。郡人陈维秀善植花木，得众卉性，乃仿燕京窨窨熏花法为之，花乃大盛。甲辰岁翠华六幸江南，进唐花如前例。繁葩异艳，四时花果，靡不争奇吐馥。群效灵于一月之前，以奉宸游。郡人神之，乃度地立庙，连楹曲廊，有庭有堂，并莳杂花，荫以秀石。"

让四时花卉在一月份开放，虽然在今天不足为奇，但在数百年前却绝对是件神奇和令人震撼的事情。陈维秀凭借自己的新"技艺"，在接待天子时大放异彩，帮当地官员立下大功，这不仅让苏州的百姓啧啧称奇，还为从事花卉种植的农人与生意人开辟了一条新的发财致富的道路。难怪苏州人会为他立庙祭祀，不论是在当时，还是对后来的苏州花事产业都做出了相当大的贡献。

如今，人们常用"虎丘不断四时花"来表现苏州花事缤纷、草木繁盛的一面。就连大才子唐伯虎都曾赞叹道："江南人尽似神仙，四季看花过一年。"愿虎丘的胜景常在，人们世代安享太平。

你知道百年不衰的"虎丘曲会"吗

苏州的虎丘曲会作为一年一度的全民性昆曲大赛会，延续至今有两百多年的历史了。它的规模之大、规格之高、影响之深远、历时之久长，

虎丘曲会

可以说是中华戏曲史之最，即便是在世界戏剧史上也实属罕见。"虎丘径、海涌壑风，古吴中、春秋论雄。千人名石笛弄，吴歈调、雅音浓，灵空悟，魏梁功。"这一首昆曲中的唱词算是对虎丘曲会最好的诠释。

虎丘曲会是虎丘最盛大的节日，也是聆听虎丘文化最精彩、最优雅的一次聚会。在昆曲最为盛行的明清时期，每到八月十五日中秋佳节，各地的曲家文人以及苏州城的百姓都会云集虎丘，他们有的是来献歌一曲，有的则是来围观喝彩。这一天人潮如织，熙熙攘攘，蔚为壮观！张岱曾在《陶庵梦忆》中记载了当时的盛况："自生公台、千人石、鹤涧、剑池、申文定公祠，下至试剑石、一二山门，皆铺毡席坐，登高望之如雁落平沙，霞铺江山。天暝月上，鼓吹十百处，大吹大擂，十番铙钹，渔阳掺挝，动地翻天，雷轰鼎沸，呼叫不闻。"如此壮观胜景，可以称得上是"千人坐满千人坐，千顷云浮千顷烟"。

王国维先生曾将昆曲与楚辞汉赋、唐诗宋词相比较，得出昆曲有一

个十分有趣的特点：曲社、曲会特别多。自古以来，曲会、曲社都是一种特别的社会文化形态，它超越了剧本内容、演出形式和剧场限制。曲会上看似简单的清唱，实则内涵丰富。既可"自娱"，也可"娱人"，而且在理论研究、专业技巧、声腔运用、表演创作、延续传承等方面都有自己独特的评判标准。戏曲大师汤显祖、洪昇、孔尚任和国学大师俞樾等都是曲会文化和传承的中坚力量。

2001年，昆曲被联合国教科文组织列为人类口头和非物质文化遗产代表作，"虎丘曲会"也从简单的娱乐活动，转变为人们对民族历史、传统文化的抢救、保护及传承的重要活动。每当中秋之夜，笙歌响起，仰望皓月，舒缓优美的"水磨调"一声声回落在苏州人的心里，久久不会散去。

苏州人"轧神仙"是怎么回事儿

农历四月十四是苏州人"轧神仙"的日子，也是苏州最大的庙会举行日。"轧"是苏州方言，表示挤来挤去的意思。这一天本是八仙之一的吕洞宾的诞辰。相传，吕洞宾名岩，字洞宾，又名吕纯阳，是大唐人士，贞元十四年（798）四月十四日巳时生。他自幼聪颖好学，却一直没有考中进士，后来遇到了正阳真人钟离子，于是就拜其为师，潜心修道，最终飞升成仙。

因为道家很重视配药炼丹，所以吕洞宾对药理十分通晓，在医学上的贡献也很大，所以一直被中医奉为祖师，尊称为"吕祖"。如今的苏州阊门内东中市下塘的福济观仍然奉祀着吕祖，被当地的老百姓称为"神仙庙""天医院"。除了因为吕

轧神仙

洞宾的医术贡献使得他在民间很有威信外，在民间还流传着这样的说法：据说，在吕祖诞辰之日，也就是农历四月十四这天，吕祖会化身为乞丐或是小贩，混迹在神仙庙熙熙攘攘的人群中，悄悄治病救人。据传在这天，每个人都可能是他的化身，随着人潮挤来挤去，若是能挤到他的身边，病痛就会不治而愈。于是，很多身染疾病的人都会在这天到庙里烧香祈福，在人群中你挤我我挤你，盼望能"轧"到神仙，得到他的垂怜。时间久了，人们就把这样的庙会叫作"轧神仙"。

除了通过轧来轧去的方式交到好运，苏州人在这一天还会吃一种五色米粉糕，名为"神仙糕"，还有戴特制的"神仙帽"。在寺庙附近还会有很多出售花草树苗的摊位，这些各色的植物每个都起好了十分吉利的名字，诸如"万年青""吉祥草""神仙花""龙爪芴"等。在以前，还会有仙诞日前夕剪取一些"千年运"的老枝叶弃掷在门口的旧俗，为的是让各路来庆寿的仙人从上踏过，沾染些许仙气，一边丢掷，一边嘴里还要说："恶运去，好运来。"除了花草树苗，还有许多讨喜的小玩意，也被赋予了一层吉祥如意的含义。绿毛乌龟，象征长寿安康，也被称作"金钱乌龟""神仙乌龟"。烂泥老爷像，象征如意发财。喝上一杯茶，就要叫神仙茶，剃头也要叫神仙头，似乎无一不充满"仙气"。

虽然过去了很多年，"轧神仙"的庙会也不如往昔那般热闹，但苏州人对美好生活的向往之情却丝毫没有减少，依然乐观积极地面对着每一天。

苏州的美食与特产

　　都说"一方水土养一方人"。千年的时光积累，百代的风云变幻，衍生了不同地区的美食特产，也构成了不同的饮食文化。苏州作为温婉多情的江南水乡，它的饮食文化也正如它给人们的一贯形象那般古朴雅致，简单美好。无论是"一嫩三鲜"的碧螺春、清新爽口的"西瓜鸡"，还是当地特有的"熏豆茶"、别具匠心的"雪花蟹斗"……都叫人眼前一亮，不得不赞叹苏州人民的智慧与细腻。你想知道第一个吃螃蟹的人是谁吗？苏州人为什么那么爱吃"团子"？太湖里竟然也有"人参"？……无数有趣的问题等待着你去发现，去了解，去探索。贴近苏州的饮食文化，你可能看到的不只是一个旅游胜地、美食之都。它的宁静与深邃，古朴与闲适，会让你领略到这座古城真正的美丽。

苏州的美食

洞庭碧螺春的"一嫩三鲜"指什么

　　碧螺春又叫"佛动心"，产于苏州太湖洞庭山，是中国十大名茶之一。其实最开始碧螺春只生长在太湖洞庭山的碧螺峰石壁中，据史料记载，碧螺春作为茶叶饮用已有上千年的历史。每年在谷雨时节到来之前，山民们都上山采摘茶叶。后来，人们发现太湖洞庭东西两山的气候温和，雨水充沛，且土质十分适宜种植茶树，于是碧螺春开始被大面积人工种植于橘园隙地、枇杷丛中、梅花树下、桃花根畔等地。

洞庭碧螺春

　　关于碧螺春名字的由来，《苏州府志》中是这样记载的：在清康熙年间的某一年，天气回暖得早，雨水又充沛，所以茶叶生长得十分茂盛，采摘不多时，采茶人的竹筐就装不下了。于是采茶女子便把茶叶塞在怀里，因此，采茶人便将这茶叶叫作"吓煞人香"。后来康熙皇帝南巡时，游览太湖，当地巡抚宋荦进献此茶，康熙帝饮用之后十分赞赏茶叶的独特香醇，只是觉得这茶叶的名字实在是不够文雅。后一思索，此茶产于碧螺峰，新鲜的叶片色泽碧绿，卷曲如螺，又采摘于早春，遂将此茶赐名为"碧螺春"。从此以后，碧螺春成为皇家贡茶，年年进奉于皇宫内院，供皇亲国戚、达官贵人饮用。

洞庭碧螺春素有"一嫩三鲜"之称，"一嫩"是指芽叶嫩，"三鲜"则是指色、香、味俱佳。采茶时，要从茶树尖梢上掐下幼嫩的芽尖，又尖又直的嫩芽形状似尖枪，而芽尖下的一片小叶则状如旗帜，当地人称之为"一枪一旗"。采摘碧螺春茶有几个特点：一要摘得早，二要采得嫩，三要拣得净。茶叶品质等级可以依据采摘时间划分，以谷雨前五日为上品，后五日次之，再五日又次之。春分至清明前采制的碧螺春称为"明前茶"，品质最好，也最为名贵，是茶中的极品。清明之后到谷雨前这段时间采制的，称为"雨前茶"，品质虽然比不上明前茶细嫩，但这个时节的芽叶生长速度较快，味道鲜浓且十分耐泡，是茶中上品。

除了采摘时的守时细心，烹制茶叶也十分讲究。当天采摘的芽叶不仅要及时地精心拣剔，还要在当天炒制。所以，苏州的采茶人一般都是在凌晨五点到九点进行采摘，下午两点之前完成拣剔，当天晚上炒制。炒茶时不能使用铲子一类的翻炒工具，全凭炒茶工的一双手将新鲜的芽叶在炒锅中不停地反复团、搓、炒。焙制完成的茶叶幼嫩整齐、卷曲如螺、色香味俱全，这便是标准的特级绿茶。

"大方糕"是非物质文化遗产吗

对于苏州人来说，凉风习习的时候总是会想起吃一种苏州特色的糕点——五色大方糕。这种方糕的时令性很强，一开始只是在清明节前后才会销售，而且只卖一个多月，过了时节就没得买了。后来应大众的需求，改为春秋两季供应，如今人们在中秋时节也可以买得到。

据说大方糕的来历不小。这种糕点原名为"珍珠塔大方糕"，源于家喻户晓的戏曲评弹故事《珍珠塔》。故事的主人公方卿在功成名就

大方糕

155

之后，喜欢用米糕做早餐，取"步步高升"之意。他的厨师为了取悦方卿，便将早餐的糕点制成正方形，还取了个讨口彩的名字，叫"方糕"。"方"即方卿的姓，"糕"则谐音"高"，厨师还在方糕上面印出"福、禄、寿"的图案，图案下隐约可见不同颜色的馅料。果然，方卿见到这别具创意的方糕，十分喜爱。他不仅日日食用，还在做寿时将大方糕馈赠亲朋好友，自此，大方糕就在苏州流传开来，成为人们最喜爱的时令食品之一。

有趣的是，苏州人清明食三色，红为酱汁肉、绿为青团子、白为大方糕。虽然大方糕被称为"五色大方糕"，但从表面来看它只是一块雪白的糕点。之所以称为五色，是因为大方糕有6种或咸或甜的馅料，若以颜色划分则为五种颜色，即黑色的芝麻馅、黄色的鲜肉馅、绿色的薄荷馅、红色的玫瑰馅和豆沙色的豆沙馅等。这些馅料被包裹在薄如蝉翼的饼皮里，饼皮蒸熟之后呈半透明状态，不管是鲜肉、玫瑰、豆沙，还是芝麻、薄荷，彩色的馅心都能隐隐地透出糕面。如此丰富可爱的五色大方糕，难怪会让苏州人民爱不释手。

在苏州城内，有一家老字号"桂香村"，始创于清乾隆年间。在经历了时光的磨砺和不断地演变之后，桂香村终于成为苏州城里独此一家的特色糕点品牌。桂香村的五色大方糕一直为苏州市民所喜爱、为民间美食家津津乐道，而这项传统糕点的制作技艺也列入了苏州市非物质文化遗产名录。

苏州人为什么喜欢"嗦螺蛳"

去苏州游玩一定要尝尝当地的船菜。

以前，在苏州水乡，太湖边上生活的人家常年以打鱼为生。后来随着旅游文化和经济的繁荣，当地的人们开始在湖边的岛上种植果树，

螺蛳

开发农家菜、生态游之类具有当地特色的项目。苏州的船菜不同于其他地区的农家菜，所谓靠水吃水，太湖盛产白鱼、白虾、银鱼，所以船菜多以水中鱼虾类为主题。

船菜中除了比较有名气的"太湖三白""醉虾"等大菜，还有一种苏州人很喜欢的水产品，那就是螺蛳。过去，大鱼大肉之类的算作是大荤，螺蛳这样东西不能算作是素菜，可是作为肉类吧，它又确实小了些，所以只能属于小荤。在困难时期，食物短缺，能打打牙祭的小荤螺蛳可谓是苏州人菜桌上的绝顶美味。即便是现在，很多人不再需要为温饱发愁，但"嗍螺蛳"依旧是苏州人最喜欢的活动之一。"嗍螺蛳"是现在的说法，在过去苏州人更喜欢叫"啜螺蛳"，"啜"在苏州话里使用很多，最常见的就是"啜饥"，就是吃饭的意思。而"嗍"在苏州话中指细细地品味，还有人认为是吮吸之意，所以逐渐人们就改叫"嗍螺蛳"。

清明前的螺蛳肚子里没有小螺蛳，所以螺蛳会特别美味。很多外地人都说不会"嗍螺蛳"，费了好大的力气，吸了半天还是吸不出来。其实"嗍螺蛳"也没什么特别的技巧，很像平时喝珍珠奶茶时，用吸管吸珍珠豆的感觉。不过，有时候吸不出来，除了吸的方法，跟螺蛳的烧法也有些关系。江南地区螺蛳的做法一般都是烧酱爆螺蛳，炒螺蛳时放葱姜酱盐糖以及料酒。如果烧制时火候大了，烧过了头，那样的螺蛳就很难吸出壳。除此之外，夹螺蛳屁股也要有技巧，夹得不好也很难吸出螺蛳肉。螺蛳头上有个小小的甲片，学名叫作"厣"。如果实在不知道怎么吸螺蛳，可以用筷子顶住厣把螺蛳头戳进壳去再吸，或许会好些。在江南，人们吃螺蛳一般只吃头部，其他地区的吃法或许会有些不同，但对螺蛳的喜爱却出奇的一致。

苏州人为什么爱吃"团子"

苏州人爱吃团子，清明节要吃青团子，五一前后要吃松花团子和乌米团子，六月有谢灶团，八月有糍团，十月有萝卜团，十一月还有冬至团。贯穿了一年的团子，不仅表达了人们对美满团圆的期待，也构成苏州特色的风土人情，寄托了苏州人浓浓的乡情。

青团子通常是将鲜嫩的浆麦草碾压挤汁，和入糯米粉，再包入豆沙馅，最后上笼屉蒸熟。蒸好后的青团子葱绿如碧玉，油亮似翡翠，口感甜糯且带芳草的清新香气，是苏州人清明节上坟最主要的供品。在苏州最有名气的"正仪青团"可以常温存放七天，且表皮不破、不裂、不变色。入口甜而不腻，肥而不腴，也因此在清末曾被列为节令贡品。

团子

松花团子是采集新鲜的松花粉与糯米粉混合制作而成的团子。松花团子的馅料多用豆沙或者芝麻之类香甜的食材。摆上笼屉蒸熟，出笼时再滚上一层松花粉。做好的松花团子，色泽金黄，入口清香甜糯。但由于松花粉只有在松树开花时才有，而且采集过程比较麻烦，所以松花团子可供销售的日子比较短，数量上也比较少，有时候甚至只能碰巧买到。值得一提的是，当地传说松花是神仙喜欢服食的好东西，长期服食松花，可以强身健体，延年益寿。

乌米团子的制作流程与青团子大致相似，只是用的是乌桕树嫩叶，而不是浆麦草。将采集到的新鲜乌桕树嫩叶，捣碎成浆，挤出汁液，和入糯米粉蒸制成团子。与青团子不同的是，乌米团子可以用豆沙馅，也可以不用馅，只制成实心的团子即可。蒸制好的乌米团子颜色乌黑透亮，入口有一种特别的清香，味道十分独特。与松花团子类似的是，乌桕树的叶子一老就不能用来捣浆制液了，所以乌米团子可供销售的日子也较短。

类似青团子、松花团子和乌米团子的苏州传统糕团还有很多。自古以来，苏州人就爱吃会吃，喜欢在吃的方面推陈出新，吃出花样，更喜欢依据时令制作美食，以此感恩大自然的馈赠，回归生活的本来面目。

苏州的馄饨与其他地方有何不同

苏州人爱吃也会吃，当地的小吃可以用精、巧、甜三个字概括。即便是最简单普通的馄饨，到了苏州人手里，也显得格外鲜美丰富。说起馄饨，它其实起源于北方，没想到却受到南方人的喜爱，进而大为发展。在广东，馄饨称为"云吞"，到了福建则被称作"扁食"，江南叫作"馄饨"，江西则称为"清汤"，四川称作"抄手"，还有的地区干脆就把馄饨叫作水饺。

苏州以外其他地区的云吞、扁食等，除了汤料与苏州的馄饨不同，馅料一般都会放紫菜虾米，或者榨菜末，甚至还有放咖喱粉的。扁食是在馄饨的基础上改动比较大的，它的馅料是肉和面粉或淀粉的混合体，有些地区在以前还会用猪的杂碎做馅，虽然风味特别，但也是喜者甚爱，厌者甚恶。

苏州的馄饨，最好吃的莫过于鸡汤三丝馄饨。在老字号"黄天源"的店里吃上一碗地道的三丝馄饨，是每个老苏州人记忆里最美味的部分。鸡汤三丝馄饨中的三丝指的是蛋皮丝、干丝和鸡肉丝，但一般能看见的只有前面两种。馄饨入口咬开时，迸发在口腔内的那股鲜味是无法用语言来形容的。细细咀嚼，还会尝到隐藏在肉馅里的虾仁。吃馄饨一定要在刚出锅热的时候，冷了不仅口感会差许多，也无法感受那种入口即鲜的美感。很多外地人初到苏州，第一次吃馄饨时看着馄饨汤上一层的浮油，会觉得十分油腻。其实，那层浮油在苏州被叫作"批油"，只有薄薄的一层。吃馄饨时要先吹开批油，用勺子舀起一个馄饨，轻轻咬上一口，再吸去馄饨内的汤汁。千万别一整个塞入口中，囫囵吞枣，那样是很容易烫伤口腔和喉咙的。

值得一提的是，苏州还有一种小馄饨，叫"泡泡馄饨"。从锅中盛上一碗，小馄饨们一个一个地浮在汤面上，鼓鼓白白的，十分可爱。但因为馄饨不大，馅料比较少，所以这种小馄饨的汤料会十分讲究。若有机会尝上一碗，也是十分美味和有趣的。

"老虎脚爪"和"蟹壳黄"到底是什么

提到"老虎脚爪",很多人大概会以为是千斤顶之类的五金用具吧。确实,只听名字的话,很难把它和苏州传统美食联系到一起。那"老虎脚爪"到底是一种怎样的小吃呢?

苏州人对这种传统的小吃叫法是极有特点的。"老虎脚爪"其实是一种饼类小吃。在以前的苏州,油条卖2分钱一个,大饼卖5分钱一个,而老虎脚爪则要卖6分钱一个,原因就在于老虎脚爪的表面有一层饴糖,也就是麦芽糖。麦芽糖在那个年代是很稀罕的东西,用在这种小吃上,老虎脚爪的"身价"自然也就升高了。既然是小吃,老虎脚爪的做法也就并不复杂。先在发酵好的面团上切上三刀,再涂上饴糖,然后放在烘大饼的烤炉上。一定要计算好时间,时间短了老虎脚爪不够香甜,时间久了又会烤得过焦。只有掐算好时间,及时出炉,这样烤出来的老虎脚爪才会在金黄的色泽中带一点酱色,出炉时香味扑鼻,入口柔软香甜。因为外形酷似老虎的爪子,所以苏州人把它叫作"老虎脚爪"。如今在苏州,这样的大饼烤炉已经很少见到了。

老虎脚爪

"蟹壳黄"与老虎脚爪一样,也是苏州的传统小吃。首先在发酵好的面团里加入油酥、馅料,一个一个制成扁圆形小饼,然后在饼外沾上一层芝麻,贴在烘炉壁上烘烤,最后皮加馅的酥饼就完成了。烤好的成品呈褐黄色,一口咬下去,酥脆、松软、香甜。因为饼皮的颜色与形状酷似煮熟的蟹壳,所以得名"蟹壳黄"。吃的时候要一手取饼,一手托在嘴下,防止咬饼时脆脆的酥皮掉落。

如今,这些正宗的苏州小吃已不多见了,据说只有皮市街的糖粥摊头边还有老虎脚爪在卖。值得一提的是,糖粥也是苏州人很喜爱的小吃，正宗的糖粥是用赤豆糊、鸭血糯、白糖、桂花几样简单的食材熬制而成的。

第一个吃螃蟹的人是苏州人吗

我们现在经常用"第一个吃螃蟹的人"来形容那些敢为天下先的勇者，无非是因为螃蟹这种生物的长相确实奇怪，八足二螯，满身坚甲，小眼大腹，横行无忌，任谁都无法把它和食物联系到一起。不过，即便如此，还是有"勇士"第一个尝到了它的美味，那这个人是谁呢？

在素有"蟹乡"之称的昆山巴城，一直有这样的传说：在大禹治水时期，有一个叫作巴解的人是大禹的助手，一直协助大禹治理水患。可是在治理水患的时候，筑起的围堰却总是被一种长相狰狞、浑身坚甲、双螯强劲的大"虫"破坏，当地百姓也不胜其扰，对其束手无策。巴解得知后大怒，愤而食其"虫"，意外发现十分美味。于是百姓们纷纷效仿，"虫"患得到了解决，围堰也得以筑成。后来，百姓为了纪念巴解的功绩，就在"解"字下面加上"虫"字，将这种长相凶恶的"虫"称为"蟹"。而大禹为了褒奖巴解的治水之功，封其为"巴王"，他的封地"巴王城"就是如今的昆山巴城。

如今的巴城镇已有2500年的历史，是昆山市的第二大镇。根据史料记载，吴王阖闾曾建"十二城"，"巴王城"就是"十二城"之一。而在2003年5月，在巴城湖筑堤汲水取土时发现了一处遗迹。据苏州市博物馆和昆山文管所考证，那很有可能就是吴王阖闾所筑的十二城之一的古巴城遗址。巴城坐落在以出产大闸蟹而远近闻名的阳澄湖畔，阳澄湖几乎成了巴城的内湖，也因此螃蟹成为巴城的品牌和城市标志。巴解应该不会想到，当年自己冒着生命危险也要"消灭"的大"虫"，在千百年之后，竟然成为价格不菲的珍馐，让众多食客不远千里而来，只为尝到那最为鲜美的味道。而"食蟹"也衍生出了各种花样，逐渐形成一种独特的饮食文化，为人们的生活平添了许多色彩。

阳澄湖大闸蟹为什么被称为"蟹中之王"

明代文学家张岱曾经对大闸蟹有过这样的评价："不加醋盐而五味俱全。"虽为同一蟹，但蟹肉一味，蟹膏一味，蟹黄一味，蟹子又一味。正是因为大闸蟹如此丰富鲜美的味道，每到食蟹的季节，络绎不绝的食客不惜从千里之外奔波而来，只为那一口鲜美滋味。

阳澄湖有三宝：大闸蟹、河虾、鳜鱼。阳澄湖大闸蟹，又名"金爪蟹"，因蟹身不沾泥，所以又俗称"清水大闸蟹"。阳澄湖畔的地形分为两个半岛，即主岛和莲花岛，湖面分为佛手状的东、中、西三湖。正是因为如此开阔的湖面，使得阳澄湖大闸蟹变得与众不同，总结起来有以下四个特点：青背、白肚、黄毛、金爪。阳澄湖大闸蟹的蟹壳呈青灰色，表面平滑有光泽，脐腹洁白，体大膘肥，蟹脚上长有粗长挺拔的黄毛，蟹爪呈金黄色，粗壮有力，身姿矫健，置于玻璃板上能八足挺立，双螯腾空，疾步爬行。每到金秋时节，中秋前后，便是大闸蟹上市的旺季。正所谓"秋风起，蟹脚痒，九月圆脐十月尖"。农历九月食雌蟹、十月食雄蟹已成为约定俗成的"食蟹守则"。煮熟后的螃蟹性腺凝结，雌者呈金黄色，谓之"蟹黄"；雄者则如白玉状，谓之"蟹膏"，各有其

大闸蟹

独特的滋味。由此，阳澄湖的大闸蟹一直被誉为"蟹中之王"，成为享誉中国的产品。

值得一提的是，关于"大闸蟹"名字的由来，曾有名士包笑天做出过解释："闸字不错，凡捕蟹者，他们在港湾间，必设一闸，以竹编成。夜来隔闸，置一灯火，蟹见火光，即爬上竹闸，即在闸上一一捕之，甚为便捷，之是闸蟹之名所由来了。"旧时苏州、昆山一带的捕蟹者，喜欢在港湾间放置用竹片编成的闸门，以此来捕捉螃蟹。捕蟹者在夜间挂上灯火，螃蟹见到光亮，便会寻着光爬上竹闸，此时的捕蟹者只需在闸上一一捕捉即可。"大闸蟹"的名字也由此而来。

"雪花蟹斗"里面真的有雪花吗

作为苏州名菜，"雪花蟹斗"不仅有着梦幻浪漫的名字，同样在"颜值"上也不容小觑。这道以芙蓉蟹为基础，推陈出新的新菜式，每年吸引海内外大量的食客。不过，既然叫"雪花蟹斗"，那这道菜里真的有"雪花"吗？

其实，"雪花蟹斗"中并没有雪花，只是以蟹壳作为容器，内装清炒蟹粉，上面覆盖着洁白如雪的蛋泡，稍加点缀后便是色、香、味俱全的苏州名菜。清代文人袁枚曾在《随园食单》中写道，炒蟹粉"以现剥现炒者为佳"。如果蟹粉放置的时间过长，则会"肉干而味失"。同时，在炒蟹粉时加入适量的肥膘，可以使蟹粉更加的肥润可口。

雪花蟹斗

一般来讲，外形好看的菜都费时费力，"雪花蟹斗"也不例外。光是拆蟹粉这项工作，如果不是很熟练的话，三四个螃蟹至少要拆半个多小时。做这道菜首先要将蟹壳里里外外都刷洗干净，再拿去晾干。然后将猪肥膘剁成肉泥状，再将无刺的鱼肉切成小丁，加入少许蛋清、细盐、味精，搅拌均匀后挂浆，放在低温处静静地涨发。将熟咸蛋黄捏碎备用。烧热锅后加猪油，待油烧至三成热时，把涨发好的鱼丁放入划散，煎至变色后立即倒出。将大部分油沥出，锅内只留少许油，放入葱花、姜末等煸炒出香味，再加入蟹粉、鸡蛋继续煸炒去腥，沿着锅边淋些油防止粘锅，最后再加入已切成碎末的香菇和咸蛋黄、鱼丁、黄酒、酱油、细盐、白糖、胡椒粉及味精等，用生粉勾芡盛出蟹粉馅心。将蟹粉馅心一个个分别盛入蟹壳内。再将蛋清用竹筷连续搅打，使之被打发成蓬松、洁白如白雪状的蛋泡。将蛋泡盛出覆盖在蟹壳内蟹肉馅上，再在蟹壳的蟹馅雪花上撒上少许的熟火腿末和香叶菜作为装饰，上蒸笼蒸制几分钟，会使蛋泡雪花变得更加洁白滑嫩。至此，苏州名菜"雪花蟹斗"就算是完成了。待规整装盘后，可与米醋、姜末等调料汁一同上桌。

你知道什么是"苏州一碗面"吗

老苏州人有一个习惯，早晨起来一定要吃一碗面，这碗面要清汤为底，面硬筋道，配上翠绿的葱花和嫩黄的姜丝，光是看着就让人食欲大动。这便是"苏州一碗面"的传统。

苏州一碗面

说到这"苏州一碗面"，凡是苏州城内有名气的面馆，在这底汤上往往都有不传之秘。好汤是一碗面的根本，没有些自家的绝招又怎么能在如此竞争激烈的环境下占得一席之地。一般来讲，面汤是用鲜鳝鱼骨、清水螺蛳、青鱼鳞片和肉骨头文火熬制而成的，为了去腥，还会加入一些中药材。熬制好的面汤醇厚鲜香，油而不腻，口感丰富，唇齿留香。很多时候，一碗面的成败就在于这面汤的好坏，这也是为什么各家店要对自家的绝招秘而不宣。

除了面汤，面条也是一碗面中不可或缺的部分，很多有名的面馆为了保证面的口味和品质，都会配备自己的生面加工厂，从面汤到面条，再到配料，都是自己店里生产出品。苏式面大多时候都用龙须细面，也有用小阔面的。生面往往要多压一遍，以保证生面更为筋道。煮面时用大汤，煮的过程中要不断地换水，以保证汤水清爽，面硬而不生。捞面的时候就能体现出师傅的功底，只见他右手长筷，左手笊篱，颠上翻下，一番折腾，面条就如工艺品一般被盛入碗中。这一手法可以让面条先充分脱水，再充分吸收汤汁。若是这碗面"端过三条马路，仍然根根清爽"，便是合格的"苏州一碗面"。

在过去，"苏州一碗面"还有一个重要的组成部分，那就是面"浇头"。面"浇头"可以分为两类，一类是事先准备好的，大多是焖肉和爆鱼，现在还有炒素和雪菜肉丝等。另一类则是现炒的"过桥浇头"，通常有虾仁、鳝糊、腰花、什锦等。面汤与面"浇头"配合，虾仁、焖肉用白汤，鳝糊、爆鱼配红汤，十分美味。只可惜现在大多数的面馆已经放弃现炒"浇头"，也不再讲究面汤与面"浇头"的搭配，只有少数几家店还在坚持。如今想吃到从前那种地道的苏帮面，已属不易。

你知道苏州特有的"熏豆茶"吗

自古以来音乐有雅有俗，既有阳春白雪，也有下里巴人，雅俗共赏才能完整地体会音律的美妙。品茶也是如此。饮茶向来被认为是宁静高雅之事，特别是僧人饮用的禅茶，通常用来礼佛、待客或是自饮、结缘。禅茶讲究宁心静气、无贪无嗔、无痴无恼、无怨无悔。前面说的都是"雅"茶，可是在苏州却有一种"俗"茶，也是用来待客、自饮或是结缘的，它被当地人称为"熏豆茶"。

熏豆茶

在南太湖一带，9—10月是收获毛豆的季节。青毛豆含有的不饱和脂肪酸和大豆磷脂，能保持血管弹性、健脑和防止脂肪肝形成。除此之外，青豆还富含皂角苷、蛋白酶抑制剂、异黄酮、钼、硒等抗癌成分，可以说营养价值十分高。苏州人熏青豆为茶，闲暇时左邻右舍、七姑八姨聚在一起，讨论家长里短或奇闻逸事，时而大呼小叫，时而笑作一团。不同于饮"雅"茶时的静心忍性，熏豆茶偏偏盛行于街边小巷，喧嚣热闹之处，展现着"俗"茶独特的乡土气息和淳朴的民俗风情。

熏青豆茶的历史最早可追溯到明清时期。最开始，明代苏州有一种"盐豆"，是将黄豆淘洗净后和盐水、调料一起煎煮，待到汤汁都被蒸发后，再用大火烘干。到了清代才改为用盐水煮后熏烘。在苏州，以前家家户户的婆姨小姑大都会制作熏青豆。刚熏制好的青豆表皮褶皱却依旧鲜嫩，趁热抓上几粒塞入口中，软中带韧，很有嚼劲。因为被熏烤过，水分已经挥发，所以熏豆能保存很长一段时间。泡熏豆茶一般会用白壳花边小瓷碗，以熏青豆为主料，茶叶少量，同时再搭配一些芝麻、橙皮、笋干和胡萝卜干之类的"茶里果"。花花绿绿的一杯茶，饮上一口，咸甜鲜香。

熏豆茶虽然不同于传统意义上的品茶，却在历史的长河中形成了一种独特的茶文化，反映了当地的民风民俗，对苏州人的生活娱乐具有相当重要的意义。

你知道苏州名菜"同里状元蹄"吗

苏州同里是全国闻名的江南古镇，"同里状元蹄"更是吴江地区有名的菜肴。

同里状元蹄

相传在南宋淳祐四年（1244），苏州同里人魏汝贤高中状元。据说，这个魏状元特别喜欢吃红烧蹄。到了清光绪年间，有一退思园主人名叫任兰生，因其十分仰慕魏状元，特地聘请名厨烧制红烧蹄，作为家宴的主菜，并取名为"状元蹄"。当时的状元洪钧和其妾室赛金花等人十分喜爱，经常来品尝。

现在状元蹄的做法虽然和过去有了很大的不同，但在口味上却是青出于蓝。状元蹄最主要的原料——蹄膀，规格一般选取1~1.25公斤的。先要把蹄膀在水里煮一下，除去毛后加入18味中草药大火煮开，再用文火焖烧。通常一个大铁锅一次可以煮80只蹄膀，需要4个小时左右。煮蹄膀时一定要选用铁锅，这样烧制的蹄膀才能食而不腻，酥而不烂。同时，加入的18味中草药不仅可以调味，还有防腐的作用。很多人会在苏州的老店买真空包装的蹄膀回家吃，这种蹄膀的食用方法比较特别，要直接把真空包装好的蹄膀连同袋子一起放在水里煮开，这样做才能让汤不容易烧干，还能让蹄膀更加入味。若要将蹄膀去骨，可以先用手拎起蹄膀，从贯穿整只猪蹄的两根长骨中，抽出一根细骨，并以骨为刀，将蹄膀一点点剖开。这根骨头也被人们戏称为"状元刀"。

同里状元蹄虽与周庄的万三蹄在外表上十分相似，但味道却迥然不同。来到风景如画的古镇，穿梭在窄窄的巷子里，看着在门外晒太阳的当地人，听老人们讲过去的故事，品尝着流传百年的老字号美食，仿佛穿越了时空，与百年前的自己相遇。

苏州的特产

"糕饼稻香村，茶食叶受和" 指的是什么

苏州的糕点多以甜、松、糯、韧为特色，专门生产苏式口味糕点的稻香村更是苏州城无人不知的店铺。不过这个"稻香村"可不是北京那

叶受和

家"稻香村"，而是苏州地地道道的老字号。苏州人对糕点的食用时间和花样十分讲究，农历正月要吃酒酿饼、二月食雪饼、三月食闵饼、四月食绿豆糕、五月食薄荷糕、六月食大方糕、七月换巧酥、八月摆月饼……一年12个月，月月都有新花样。除了作为时令食品，糕点也是很多重要节日里不可缺少的吉祥物和点缀品。婴儿刚出生时或第一次剃头，亲友要送云片糕，象征祥云片片；老人祝寿时，则要送寿糕、寿桃，象征长命百岁；参加婚宴喜庆，要送枣泥拉糕、八宝莲子羹或山楂甜糕等，象征早生贵子、甜甜蜜蜜；哪怕是造房子、搬家、办丧事，苏州人也要讨个口彩，送糕团点心以表心意。即便不过节无大事，苏州人串门走亲戚，也要带着稻香村产的八珍糕、绿豆糕、芝麻酥糖等。

"茶食叶受和"指的也是苏州的一家老字号，说到这家老字号的建

立，还和稻香村有着不小的关系。"叶受和"的创始人名叫叶鸿年，是清光绪年间浙江慈溪的有钱商人。据说有一天，叶鸿年到苏州游玩，听闻稻香村的甜食十分美味，便在稻香村购买了十几个茶食糕点准备充饥。哪承想因为稻香村的生意火爆，买糕点的人太多，而卖糕点的伙计又狗眼看人低，先为买得多的客户服务。于是，叶鸿年在一旁等了大半天也不见有人来为自己服务，他忍不住骂了店员几句，店员听到就回他一句："要快！自己去开一家店啊！"为了赌这一口气，叶鸿年真的就在热闹的观前街上开了一家茶食店，并特意取名为"叶受和"，寓意自己因受气开店，所以自己的店一定要让顾客感受到和气。叶鸿年店里的茶食不仅以苏式茶食为主，还引入了他的家乡宁波的口味。"叶受和"招牌点心有松子枣泥麻饼、小方糕、云片糕、四色片糕、婴儿代乳糕等，后来推出的豆酥糖、芙蓉酥等新式糕点也同样受到人们的欢迎。

苏州的八家老字号分别是什么

"酱肉陆稿荐""糖果采芝斋""糕团黄天源""糕饼稻香村""茶食叶受和""腌腊生春阳""绸布乾泰祥""菜馆松鹤楼"是苏州八家老字号品牌，几乎涵盖了苏州方方面面的特色文化。

苏州的糖果向来闻名全国，这种苏式糖果多以植物果料、花料等为原料，与麦芽糖、白砂糖混合配比而成，具体可分为明货、炒货、软糖、特味四大种类，有松子糖、粽子糖、花生糖、脆松糖、松子南枣糖等150多个品种。其中，以采芝斋独家生产的粽子糖最为有名。1954年，周总理曾在日内瓦会议上用采芝斋生产的苏式糖果招待国际友人，受到一致好评。自此，苏式糖果声名大噪，享誉中外，外宾们把它称为"中国糖"。采芝斋创建于清代，距今已有100多年历史，创始人名为金荫芝。据说在光绪年间，慈禧太后生了病，召见苏州名医曹沧洲进宫为自己治病。曹沧洲临行时特地带了采芝斋的粽子糖献于慈禧太后。慈禧太后吃后觉得这粽子糖味甜爽口，十分特别，便下令将采芝斋出产的糖果列为"贡糖"。曹沧洲还建议采芝斋在制作时可以放些薄荷、甘草、川贝、松子等能食用的药材和果汁，以达到药食同源的目的。

苏绣居四大名绣之首。古时，苏绣多以人物、山水、花鸟、动物为内容，绣于册面、屏风等物件之上，图案十分精美。中华人民共和国成立以后，苏绣艺人更是开创了双面绣，将这一技艺发挥到了极致。有"刺绣艺术之乡"之称的苏州镇湖，拥有8000绣娘，苏州大部分的刺绣都出自这些绣娘之手。老字号绸布乾泰祥便是将这些刺绣与衣帽鞋袜相融合，无论衣饰的款式如何改变，乾泰祥总能将苏绣的神韵融会其中，将传统的文化技艺代代相传。

苏州人常说的"慈姑"是指什么

慈姑

慈姑又称茨菇、茨菰、白地栗、燕尾草，是苏州特产"水八仙"之一。明代医学家李时珍曾在书中记载："慈姑一根岁产十二子，如慈姑之乳诸子，故以名之。其叶像燕尾分叉，故有此名也。"也就是说，每株慈姑的根部会生长出12个果实，仿佛一位温柔慈祥的妈妈哺育着、呵护着自己众多的孩子。"慈姑"也因此得名。

在苏州娄葑，有着悠久的种植慈姑的历史。娄葑主打的慈姑品种为"苏州黄"，特色是黄衣、果大、肉白、质地香糯，是江苏省有名的高产优质慈姑品种。慈姑生育期为190~200天，从立冬至第二年3月份都可挖取，一般亩产量可达800公斤。通常在清明之后将慈姑顶芽连同慈姑肉一起切下，再铺上湿草催生根芽，10~15天之后便可出芽。这个时候插扦秧田育苗，5月下旬到6月上旬再移栽或套种到大田。宋代学者苏颂曾细致地描写过慈姑："剪刀草茎干，其色深青，每丛十余茎，上分枝，开四瓣小白花，蕊深黄色，球茎大者如杏、小者如栗。"慈姑可食用的部分是底部的球茎，每株慈姑可产出的球茎数有一定规律，一般来讲平年一株慈姑可产12个，闰年就可产13个。古籍《尔雅翼》中曾记载过这一奇特现象："慈姑岁有闰，则生十三子。"

因为慈姑富含蛋白质、脂肪、糖类、无机盐以及多种维生素和营养元素，所以常被当作蔬菜，被人们烹制入菜，例如"慈姑炒肉片""慈姑炒鸡丁""慈姑菌菇老鸭煲"等。因慈姑本身略带苦味，所以烧出来的菜肴别有一番风味，因此很受喜爱。除了入菜，《本草纲目》中还记载了慈姑的药用价值："慈姑味甘、性寒。主治百毒，难产胎盘不出，捣汁服。叶，主治诸多疮肿，小儿丹毒，捣烂涂于患处即可消退。又可治蛇、虫咬伤，捣烂擦患处。调蚌粉，可去痒消痱。"很多食品商家还将慈姑加工成时令小吃——"油汆慈姑片"，金黄香脆的口感为它赢得了不少人的欢心。

苏州人夏天都会吃的"西瓜鸡"是什么

"西瓜鸡"是这道菜的俗名，它有另一个很好听的名字，叫作"一卵孵双凤"。据说，这道菜是由孔府的厨师张兆增研究出来的。

在封建社会，孔府是一个非常特别的存在。出入孔府做客的不仅有各级官员，还有当朝皇帝，既然有如此高级别的客人，孔府厨师的手艺自然是马虎不得，其水平可比得上皇宫的御厨。张兆增就是孔府众多厨师中的一位，因为他在烹饪方面的造诣颇深，而且匠心独具，后来一度被提拔为孔府的主灶厨师。

西瓜鸡

"衍圣公"孔祥珂爱吃鸡，张兆增也善于做鸡，每次都能有新花样，这让孔祥珂十分满意。话说有这么一年的夏天，孔祥珂对于往常的那些菜式有些吃腻了，于是就告诉厨房把鸡做得清爽一点儿。这让张兆增有点为难了，因为鸡菜大都是通过烧、炖、炸、蒸等方法使其酥烂入味，而且多是趁热吃，少不了口味会醇厚油腻些，所以并不适合夏季吃。但是，作为孔府的主灶厨师，自然是要想尽办法来满足家主的需求。张兆增想了很久，功夫不负有心人，有一天他在街上看到有卖西瓜的，心中有了些许想法，便挑了两个回去。他先是在厨房选了两只体形较小的雏鸡，杀死洗净后，又将西瓜有蒂的一头切下一层约2厘米厚的盖，再把里面的瓜瓤掏空去净，将两只小嫩鸡塞入瓜壳里，上锅蒸熟后，去掉瓜盖，一股清香的气味溢满整个厨房。张兆增将雏鸡取出，尝了一口，鸡肉果然不同于往常那般味浓油腻，反而有一种香而不腻、清新爽口的味道。

重新为孔祥珂制作这道菜时，张兆增又在瓜内添加了一些海味，干贝、鲍鱼、海米提升鲜味。果然，孔祥珂品尝之后，觉得这道菜清香鲜嫩，不由得胃口大开，并询问菜名为何。当时的张兆增并未想好菜名，便随口答道："西瓜鸡。"孔祥珂听后，觉得这个名字不够文雅，便趁着兴致，重新想了下菜名。孔祥珂认为瓜内塞鸡，犹如凤出卵巢，于是便给这道菜取名为"一卵孵双凤"。"一卵孵双凤"不仅名字雅致，而且寓意吉祥。"凤"有"瑞鸟"之称，在中国古代神话中凤凰能给人间带来福寿安康。

后来张兆增根据菜名，在造型上稍加调整。打开瓜壳顶盖，两只鸡首各居一边，宛若双凤伸颈翘首，欲一飞冲天。

苏州的"袜底酥"和袜子有关吗

如果你去苏州锦溪，一定会看到这样的景象：街边小店或者小摊铺最显眼的地方，堆放着一摞摞现烤现卖、形如袜底的酥饼，这便是江南一带深受人们喜爱的传统茶点——袜底酥。

相传，南宋孝宗出游来到苏州锦溪时，因为长途跋涉，十分劳累，加之国事缠身，忧心劳神，所以常常没有胃口，吃什么都没有滋味。宋孝宗的爱妃陈妃十分担心他的身体，便寻访当地百姓，想为宋孝宗做些可口的点心。不想因为心急，手忙脚乱，竟将酥饼做成了腰子状。宋孝宗一觉醒来，看到案几上搁着一沓袜底，心生疑惑："爱妃怎么还有闲暇缝袜底？"陈妃看到宋孝宗醒来，便将酥饼奉上。此时的宋孝宗才明白，这"袜底"竟然是点心。这时，宋孝宗感到有些饥饿，也顾不得样子，大口地吃了起来，没想到这酥饼的味道竟然比宫中的"东坡饼"还要香甜酥脆，于是他问陈妃："这是什么饼？"陈妃见宋孝宗如此喜爱，就开玩笑地说："既然皇上之前觉得它是袜底，那就叫它'袜底酥'吧。"自此，"袜底酥"的名字便流传开来。

"袜底酥"呈腰子形，极像袜底，一层一层香酥薄脆的酥皮薄如蝉翼，轻咬一口，清香松脆，甜中有咸，唇齿留香。"袜底酥"之所以能有如此受人欢迎的口感和味道，关键在于精心选择的配料和十分讲究的做工。为了能让烘烤出来的酥皮一层层薄得透明，用油酥和面时要反复糅合，直到完全混合均匀。馅芯的原料制作、配比要求严格，例如做椒盐酥时所用的盐，要先在镬子里煨熟，再用擀面杖擀细。小葱也要切碎捣成末，才能保证在烘烤过程中不穿孔、不露馅。烘烤的时候，师傅需要时时守在炉膛边，待酥饼被烤至金黄鲜亮、香甜四溢时便可以出炉了。

如今的"袜底酥"在继承传统特色的基础上，改进了生产工艺和包装，不但外形变得更加美观，而且储藏时间也被延长，更加方便人们携带和馈赠亲友。

苏州的"凤穿牡丹"是一道菜吗

在中国传统文化里，凤为鸟中之王，牡丹为花中之王。丹凤结合寓意富贵美满，平安祥和。于是民间常常以凤凰、牡丹为图样，绣制在衣饰上，例如"凤穿牡丹"，以图祥瑞之气。

"凤穿牡丹"这个纹样最先流传于苏州太湖沿岸，通常被缝制于真丝被面。相传，苏州府台因女儿出嫁要置办嫁妆，就命织绸能手刘春在规定时间内织出24条真丝嵌金被面，花样为凤凰和牡丹。无奈刘春从未见过此二物，实在不知道该如何织就，终日愁眉不展。牡丹仙子怜悯他，特骑金凤凰下凡，来到刘春面前，助他完成任务。府台女儿出嫁当天，拉着嫁妆的马车经过玄妙观门前时，被面上的金凤凰突然成真，飞向天空，失去了凤凰的牡丹花顿时黯然失色。

凤穿牡丹

不过，今天要说的"凤穿牡丹"可不是纹样，而是一道苏州地区的古老名菜，是苏州厨师受"象牙鸡条"一菜的启发改良而成的。

"象牙鸡条"主要材料是肥鸡翅膀、熟瘦火腿肉、水发香菇、冬笋、鸡清汤。基本做法是：肥鸡翅膀洗净，煮约六成熟，斩去翅尖，抽出翅内硬骨，形成空筒状，将香菇、火腿、冬笋等细丝穿进每段鸡翅，上笼先干蒸，再加入鸡清汤，至质地软烂。这道菜最早可追溯到隋朝末年，隋炀帝杨广南下游玩，一路乘船沿运河而上。途经扬州时，听说这里有很多名胜古迹、山水园林，便决定在此处游玩几日。皇帝出巡，百官自然是不敢懈怠，扬州的大小官员早早就列队相迎，准备好酒宴。谁知杨广吃惯了山珍海味，官员们精心准备的酒菜只吃了一点儿就觉得索然无味。于是，他命人在当地找个厨师重新做些有特色的菜肴。随臣在当地找到了一户靠打猎、采药为生的人家。这户人家听说当今皇帝要来自己家吃饭，惶恐无奈之下也只得小心伺候，家里最会炒菜的是四姑娘，于是便由她掌勺做了四个菜送到杨广面前。杨广吃过之后，龙颜大悦，下令要当面赏赐做菜的厨师。于是，四姑娘被领进来面圣。杨广见到四姑娘，十分惊喜，没想到有如此高超烹饪技术的厨师竟然是一位美女！杨广指着一道菜，笑着问四姑娘叫什么名字，四姑娘连忙回答说："这些都是家常菜，没有什么好名，这个是炒鸡条。""哈哈哈，那么孤给起个新名吧！"杨广依旧笑着说道："此处是象牙林，不如你这道菜就叫'象牙鸡条'吧！"从此，这个菜便名扬天下。后来，苏州厨师又在这道菜原有做法的基础上加以改良，逐渐演变成为现在的"凤穿牡丹"。

苏州的"风枵茶"是什么

苏州民间有歌谣曾唱道："洪钧一转天为云，纸薄冰莹鸭羽轻。看似平常最珍贵，只馈产妇与亲朋。"可见，风枵茶在民间有很深的文化和很高的地位，当年乾隆皇帝下江南时也在太湖边品尝过这一甜茶，并大为赞赏。从古至今，围在一起喝风枵茶俨然已经成为亲友邻里交流感情的重要活动，也展现了苏州独有的民间特色和风土人情。

宋应星曾在《天工开物》中写道："又有蕉纱，乃闽中取芭蕉皮析缉为之，轻细之甚，值贱而质枵，不可为衣也。"糯米是江南的特产，所以江南百姓多用糯米做茶食糕点。"枵"原指布类的丝缕，稀疏而薄。而苏州人将糯米饭糍干摊得十分轻薄，风吹过便随其飘动，所以就叫它"风枵"。用糯米饭糍干加上白糖泡出的茶就是苏州常见的甜茶——风枵茶，因为泡茶的糯米饭糍干摊开的形状像"蛋底"，所以也被叫作"蛋底茶"。

风枵茶在苏州有着悠久的历史。旧时，每到春节，家家户户的主妇们都会准备好风枵，以便招待过节时来串门唠嗑的亲友。风枵茶制作起来并不复杂，却很讲究。先要烧一大锅的糯米饭，淘米时要淘洗干净，加的水要把糯米浸透，为了把饭做得软，水放得要比平时多一点儿。糯米饭不能做得太干，以免摊不均匀。摊饭糍干时，要找人时刻注意调整火候。摊饭糍干要放在干净的镬子里摊，不能沾染油腻。用铜铲铲上一团糯米饭，放进烧烫的镬子里摊平，摊饭糍干要用巧劲，掌握好手腕的力度，这样摊出来的饭糍干才会又薄又均匀。火候要控制在四分，火力要平稳，不能忽大忽小。火大了容易烧煳粘底，火小了就会返潮起丁。成功摊好的饭糍干干爽透白，薄脆均匀，没有经验很难成功，所以说，摊饭糍干既是技术活儿也是力气活儿。

风枵既可以当作薄脆零食干吃，也可冲水泡茶喝。在金边白瓷的小碗里放上几片风枵，撒上些许白糖，用沸水冲开。风枵如吸水涨开，沿着碗边在水面浮动流转，香气随热气袅袅而上，四散开来。稍饮一口，绵软香滑，糯甜满腔。

苏州人口中的"太湖人参"是什么

在苏州太湖附近的七都盛产一种鱼类，其肉质细嫩，周身可入药，营养价值很高，它就是鳗鲡，又名"鳗鱼"。李时珍曾写道："鳗鲡所主诸病，其功专在杀虫去风。"故此被人们称为"太湖人参"。

鳗鲡原本产于海中，鳗丽肉质细嫩，味鲜美，可鲜食、熏制、醋渍、制罐，常将之作为滋补食品，并具有清凉解暑、滋补强身作用。出生后溯游到淡水里长大，成年后再回到海中产卵。每年春季，会有大批的幼鳗成群结队地从大海涌入江河口。雄鳗一般就在江河口附近成长，而雌鳗则需要逆水而上，进入江河的干流、支流或与江河连通的湖泊，甚至还会到数千公里的江河上游。它们不喜强光，喜欢昼伏夜出，穴居在江河湖泊中一天天地生长、发育。鳗鲡身长如蛇，最长者可以长到1米多，头部圆滑，尾部细小，背部呈灰黑色，腹部为灰白色或浅黄色。鳗鲡习惯在夜间捕食小鱼、虾蟹、甲壳动物和水生昆虫，甚至是动物尸体都可以成为它的食物。有趣的是，鳗鲡的摄食强度和生长速度会随着水温的升高而增强，通常春夏两季最为强烈。

鳗鲡

传说鳗鲡生性好斗。古时候，渔民们出海捕鳗鱼，等捕到后回到岸边时，鳗鱼几乎都已死光了。可是有这么一个渔民，每次回来他的鳗鱼都是活蹦乱跳的，更为奇怪的是他的船舱和各种捕鱼装备与别人的并没有什么不同。因为他的鳗鱼存活率高且比较新鲜，自然卖的价钱要高过别人许多。凭借这个优势，没过几年，这个渔民就靠卖鱼成了一位大富商。他对于鳗鱼能够存活的秘密一直绝口不提，直到身染重病弥留之际才告诉了他的儿子。原来，每次出海打鱼后，他都会在装鳗鱼的船舱里放进去一些鲇鱼。鳗鱼和鲇鱼都是生性好斗的鱼类，为了抵挡鲇鱼的攻击，鳗鱼会不断翻滚反击。没有放进鲇鱼的时候，被捕的鳗鱼会静静等死。但一旦放入好斗的鲇鱼，鳗鱼求生的本能会被充分调动起来，在战斗状态下，鳗鱼就能一直保持鲜活。最后，渔民告诫儿子，无论面对怎样的境地，只要不放弃希望，勇敢面对挑战，就一定会重新焕发生机。

苏州的"酱方"为什么又叫"苏造肉"

苏州人吃菜最讲究时令节气，一年四季都会准备应季的食物。即便是一块普普通通的猪肉，也要根据不同的时令做成不同的菜式，例如春天是樱桃肉、夏天是荷叶粉蒸肉、秋天是扣肉、冬天则是酱方。这酱方是苏州传统名菜，属于苏菜系，又称"苏造肉"，在苏帮菜中是属于比较浓腻肥糯的，也正是因为这样，酱方适合在寒冷的冬季进补。

每年到了冬至前后，就是吃酱方的时候。旧时，大多数人生活并不富裕，只有在逢年过节的时候才有机会大块吃肉。在冬至晚宴上，一大块酱方被端上餐桌，浓油赤酱，喷香肥厚。夹上一块放进口中，浓郁的肉香和酱香味驱散了冬日的严寒，肥而不腻、

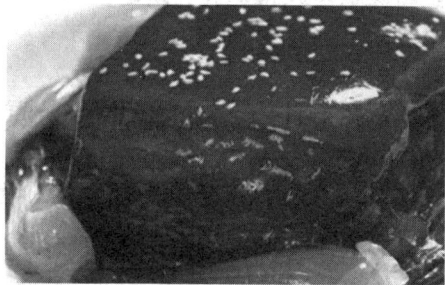

酱方

瘦而不柴的口感叫人欲罢不能，特别是酱方最上面的那层皮尤其美味。饭桌前全家人团聚在一起，其乐融融，一起分享故事与美食。老苏州人对酱方的感情很深，逢年过节或是家中有喜事，宴席上必然会有酱方这道菜。总是觉得吃过了酱方，才称得上和乐完美。

酱方又被称作"一品肉"，寓意为"苏造肉"中的极品之作。制作时要选取重约1.6斤、长约15厘米见方的五花肉，先用竹签在精肉部分戳上些许小孔，再用盐擦透放入钵中腌制一日。第二天将腌制好的方块肉放入沸水中，用大火稍煮一下以去除肉内的血水。煮好后捞出方块肉，将肉皮朝下放入垫有竹箅的砂锅内，再向锅中加入酱油、绍酒、糖、八角、

桂皮、茴香、香叶等配料，并用小火焖煮使肉酥烂入味。煮好后将肉取出，肉皮朝下扣入碗内，放少许冰糖屑，再上笼蒸制，这样可使肉块定型并且让肉质更为酥烂。最后将肉块取出扣入盘内，把原汁倒入锅中烧沸勾芡，淋浇在盘内肉块上即可。食用时可炒些绿叶菜放置在盘边，一来作为装饰，二来荤素搭配，口感会更好些。酱方的做法看着简单，其实十分考验厨师掌握火候的功力，烧这道菜时人必须一直在旁边看好火，不然水烧干了都不知道。一块成功的酱方应当内外皆烧至酥烂入味，这样吃起来才能肥而不腻、瘦而不柴。轻抖一下盘子，酱方就会跟着荡漾，用筷子轻挑一下，就能把整块酱方轻易拆解。酱方的调味也是十分讲究的，酱油和糖的比例要恰到好处，味道要甜咸适中。在酱方的截面瘦肉呈现酱油的褐色，肥肉则呈现琥珀色，顺着五花肉的纹理要能看到清晰的分层，这样既体现了五花肉出色的肥瘦比例，也说明长时间的焖炖已经将味道渗入得彻底又均匀。

到苏州为什么一定要尝"太湖船菜"

如果从春秋末年太湖船菜的鼻祖太和公开始算起，太湖船菜发展到现在应该有2000多年的历史了。据说春秋时期，吴王阖闾经常在太湖上举行船宴，开创了船菜之风。太湖船菜在民国时进入了最鼎盛的时期，当时太湖上单单是灯船就有王、杨、谢、蒋四家大画舫。如今在无锡、苏州等环太湖地区，太湖船菜已经成为极具江南水乡特色的品尝美味佳肴的方式。

太湖船菜又被称为"水上筵席"，伴随着太湖、运河水上旅游业的迅速发展，太湖船菜也应运而生。借地利之便，江南地区的水路网络十分通畅，商贾来往或读书人赶考路经此处大多需要乘坐船只，有时乘船时间超过一天，若是饿了自然就需要在船上就餐。船菜最开始还是比较简单朴实的，大多采用的是活杀、清蒸、白煮，或者直接用酒来熏，大家吃的就是这纯天然的口味。后来，太湖船菜开始走向精致，可供选择的菜品变得多起来。如今比较有名气、大家耳熟能详的特色菜肴有芙蓉银鱼、干炸银鱼、酒酿银鱼、活炝虾、清煮大虾、清炒虾仁、银鱼莼菜汤、西瓜鸡、八宝鸭、荷叶粉蒸肉、蟹粉鱼翅等。

太湖船菜除了食材采用太湖中盛产的白鱼、白虾、银鱼、蟹、鳖等现捕现杀，十分新鲜可口外，另一大特色就是菜品会随季节变化而有所不同。春天主要是原盅甲鱼、掌上明珠、银鱼炒蛋、清蒸太湖刀鱼、翁公鱼炖蛋，夏天则以酒醉炮虾、糖醋鳜鱼、奶白鲫鱼汤等为主，秋天的时候主打梁溪脆鳝、炒蟹粉、田螺酿肉、雪花斗蟹、太湖白虾、糟油白鱼，冬季则用三丝银鱼羹、清炒虾仁、翡翠大王、太湖云吞、鸡汤湖鲜等款待顾客。四时不同，则菜品不同，顺应自然，方能长盛不衰。

苏州名菜"松鼠鳜鱼"与松鼠有关吗

"松鼠鳜鱼"是苏州的传统名菜，属于苏帮菜，也一直是江南地区宴席上重要的一道菜。鳜鱼各个地区都有，一般都是以清蒸或者红烧为主，是苏州人最先开始制作形似松鼠的鳜鱼菜肴。据清代《调鼎集》中记载："松鼠鱼，取鱼肚皮，去骨，拖蛋黄，炸黄，炸成松鼠式，油、酱烧。"可见，这道菜已有两百多年的历史了。

松鼠鳜鱼

相传，松鼠鳜鱼之所以能名扬天下，全是托了乾隆皇帝的福。

乾隆皇帝六下江南，一次在苏州古城微服私访时，忽然觉得饥饿，便走进了一家名为"松鹤楼"的老字号饭馆。乾隆皇帝看见店内水牌上有一道菜名为"松鼠鳜鱼"，觉得新奇就点了这道菜。等菜端上桌，乾隆皇帝实在是饿得不行了，便大口吃了起来。一吃之下竟发觉这道菜外焦里嫩，甜酸适口，与宫里的御膳迥然不同。乾隆皇帝吃得十分畅快，却不想他并不知道买东西吃饭要付钱，吃完饭就要走人。松鹤楼的伙计不知道他的真实身份，自然要阻拦。二人推搡之间就吵起架来，引来不少人围观。恰好此时，苏州知府带领衙役巡街，看见了这一幕，连忙给松鹤楼店主送去白银一锭，方才为乾隆皇帝解了围。不过经过这么一闹，"松鼠鳜鱼"的名气却传遍了大江南北，也传入了宫廷御膳的食谱之内。

　　除了乾隆皇帝，京剧大师梅兰芳也和这道菜颇有渊源。梅兰芳初学京剧时曾拜京剧旦角名伶陈德霖先生为师，并学有所成，唱红了大江南北。1928年春天，梅兰芳特意在北京同春园饭店用松鼠鳜鱼这道菜宴请陈德霖老先生。此时陈德霖已是古稀之年，在他们下车时不想正碰上同春园一伙结婚的人。饭店门口十分拥挤，梅兰芳本想搀扶老前辈下车，却没注意到老先生的大褂后身挂在了车上，他搀扶老人下车时，大褂被顺势一扯，撕开了一个一尺来长的大口子。吃完饭后，梅兰芳将老师送回陈家，自己也回到了住所。他躺在床上辗转反侧，始终放心不下，于是披衣下床连夜画了一幅水墨丹青，画的就是一条在水中畅游的鳜鱼。第二天一早梅兰芳让家人将画送到了陈府，以当时的市价，梅兰芳的一幅真迹可值10件大褂。由此可见，梅兰芳先生尊师重道的良苦用心。

苏州的名人故居

　　苏州作为典型的江南水乡古城，不仅有着精致秀美、让人赏心悦目的山水园林，还孕育出了一位位在历史上留下过浓墨重彩的志士名流。一方天地，人杰地灵，苏州的温婉多姿不仅造就了苏州人勤劳古朴、温润灵动的性情，也吸引了海内外许许多多的人们前来探索、寻访、沉醉，最后定居于此。"江南第一风流才子"的桃花坞、百年前富甲苏城的礼耕堂、"东方柯南道尔"的茧庐……它们的主人都是苏州这座城市的迷恋者、追求者、建设者。清末状元的故居、历代高官朝臣的府宅、展示最地道昆曲的全晋会馆、集江南书画藏品之大成者的过云楼……这些穿越了时间、承载着历史的故居遗迹，从遥远的年代而来，却丝毫不会让人觉得陌生。因为我们知道，在它们的身上能看到往哲先贤的沧桑岁月，那是祖先们留下的生活痕迹，血脉相连的后世子孙从未将他们忘记。即便时光流逝，楼阁损毁，居所破败，但他们的故事却在一代代人的口中世代相传。

　　也许了解与缅怀，我们需要这些历经多年风霜洗礼的建筑，但铭记与传承，则需要口口相传，心心相印。我们应该让这些古迹留在世间，也留在心间。

苏州的名人故居

苏州最完整的清末状元故居是哪个

在平江历史街区，沿悬桥巷西行不久，会看到一幢保存较为完好的清代建筑，这就是洪钧的故居。

洪钧，字陶士，号文卿。清同治三年（1864），考中甲子科江南乡试举人。四年后，戊辰科殿试一甲第一名状元及第，授翰林院修撰。他是中国古代状元中唯一的外交官，为出使俄国、德国、奥地利、荷兰四国外交大臣。回国后，晋升为兵部左侍郎、总理各国事务衙门行走。于光绪十九年（1893）八月二十三日病逝于北京，终年55岁。

洪钧状元府为洪钧出仕后所建，是苏州城内保存最为完好的清末状元故居。洪钧及其后代居住于此。宅子面积有3000多平方米。后门临河，过桥就是菉葭巷、亭堂及两庑，是四合院布局，两侧分别为平江书画廊和状元文化展示馆。在状元文化展示馆，展示了洪钧的状元服饰与其书法作品复制品。西为正路，共七进，墙门有照壁相对，入内依次为轿厅、花厅。中路在祠堂北，前为楼层三间连东

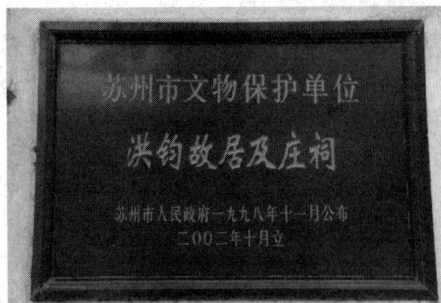

洪钧故居及庄祠

西两厢，其后还有上房一进，东路有花厅及两进上房。

除此之外，平江名人馆里有许多的文化活动。除了每个月的小型文化展示活动，这里每年都会举办大型文化交流活动，以及平江大讲堂等。这里还有中国科举制度展和"金榜题名"互动区域。来这旅游，既可以了解历史，也可以寄托愿望。

百年前富甲苏城的宅子是哪个

潘宅，又名为礼耕堂，由徽商潘麟兆耗资百万银两，历经10年所建，它占地9600多平方米。

这座宅子是在清乾隆五十二年（1787）所建，面朝南，共分五路六进，规模庞大，现在潘宅的规模与当初建造时基本相符。潘宅建筑群落以礼耕堂正厅为中线，全部粉墙黛瓦，屋宇木梁架结构，樟木抱梁云上透雕着历史典故。潘宅正厅礼耕堂，正厅前有天井、砖雕门楼。门楼大门不开，南面房屋为民居。西一路一进门厅，原是潘家主人出入的通道，现为进出的大门，穿过门厅是天井。东一路建筑位于潘宅最东面，由东二路备弄入内，现为民居。

礼耕堂的称呼来自大厅悬挂的匾额。中华人民共和国成立后，礼耕堂的原有匾额失落。而现在悬挂的匾额上面的三个大字，来自梁同书所作集字。据传潘家鼎盛时曾经有八座砖雕门楼，门楼整体采用立体镂雕工艺。其中礼耕堂与内厅天井之间，有一座"旭丽风和"墙门式砖雕门

潘宅

礼耕堂

楼，是潘宅所有的门楼中雕刻最为精致的一座。

潘家的祖训"诗礼继世、耕读传家"刻于门楼之上。饿其筋骨、劳其体肤、空乏其身，于潘家后人来说已经成为家训。也因如此，潘家才聚集了大量的财富并扬名至今。

苏州朝中大臣的生活环境是怎样的

来苏州怎么能不去潘祖荫的故居观赏一番清朝重臣日常生活的地方呢？

苏州望族潘氏，门第实在显赫至极，状元、探花、翰林、举人不计其数，享有"天下无第二家"之誉，被苏州民间戏称为"潘贵"。潘祖荫曾任光绪年间的军机大臣，而他祖父潘世恩是乾隆年间的状元，被称为"状元宰相"，曾被御赐圆明园宅第。在改造苏州老宅时，特地仿照御赐的北京圆明园宅第的格局，建造成坐北朝南，三落五进，四座四合院组合的大型宅院。

潘宅的原有格局就不再一一介绍，相信只有真正身处其中，你才能领略苏州古代建筑的魅力。但是新区就不得不提了。新区共设13间客房供客人居住，还增加了"花"的色彩及元素，整体风格更加的唯美柔和，室内的静谧与巷外的尘嚣形成鲜明对比，身处其中，游园赏曲，体会"出则入世，入则出世"的情调，感受老苏州最纯正的味道。

发生在故居的故事举不胜举，其中珍宝"大盂鼎"和"大克鼎"的故事最为跌宕起伏。大盂鼎，是目前出土的形制最大的西周青铜器，距今已有3000年左右，由左宗棠赠予潘祖荫。大克鼎距今也有2800多年。两者不仅是精美的艺术品，还是珍贵的历史文物。抗日战争时被潘家人钉入木箱，深埋偏僻小楼的地下，在其他宝贝都被抢夺一空时安然无恙。中华人民共和国成立后，被赠予国家博物馆。

潘祖荫故居既保持着原有的精致美丽，又有新元素的融入，在点滴细节中，透出几千年来一脉相承的富贵儒雅，实在值得前来游玩观赏。

苏州哪里可以听到最地道的昆曲

来苏州怎么能不听一曲被列入人类口述和非物质文化遗产名录的昆曲呢？若你要问来苏州去哪里听昆曲，那就不得不说全晋会馆了。据说，民国时期，全晋会馆的名理事长曾是"四大家族"之一的孔祥熙。余秋雨曾写道："说起来苏州也算是富庶繁华的了，没想到山西人轻轻松松来盖了一个会馆就把风光占尽。

全晋会馆现为中国昆曲艺术博物馆，初建于清乾隆三十年（1765），曾毁于太平军与清军交战的兵火，后移址重建，1982年耗资120万元完整修复，才建成现在的样子。会馆占地6000平方米，坐南朝北，分为东、中、西三路。中路是正路，依次为门厅、戏楼、正店等；西路为门房、鸳鸯厅、花园等；东路则有门房、厅堂和前后两进楼厅。

戏台是全晋会馆中最为重要的建筑，也是苏州现存古戏台中最精美的一座。自建立之初，每逢节日或国庆日，会馆都要在戏台上举行隆重的庆典活动。整个戏台面积为36平方米，三面围以"吴王靠"，优雅的建筑配以精美的浮雕，美轮美奂。

苏州在明清时期为中国东南沿海地区的政治经济文化中心，经济繁荣昌盛，使苏州成为商贾汇聚之地。而作为商贸组织的会馆和公所也应运而生，全晋会馆就是其中一大典型。会馆因为晋商的原因又叫"山西会馆"，还有一个别称叫"白石会馆"，其中还有一个有趣的小故事。白石又称为"汉白玉"，在清朝，政府和民间不得开采使用，当时晋商和徽商相比肩，为显财富，财大气粗的晋商特地求了皇恩使用白石建造会馆。

在哪里可以感受最纯正的苏州古城风貌

怡老，意为筑园怡亲，怡老园是王鏊的儿子王延喆修建的，是其晚年养老之地。

王鏊，字济之，号守溪，晚号拙叟，人称震泽先生，苏州府吴县人，是明代的名臣、文学家，曾担任明户部尚书、文渊阁大学士等。他是典型的寒门贵子，被世人戏称"偏僻山村走出的宰相"。王鏊有名还有一个原因，他是明朝四大才子之唐伯虎、祝枝山和文徵明的老师。能够教出三才子足可见王鏊学识见识之深。王鏊去世之后，唐伯虎在碑联上写道："海内文章第一，山中宰相无双"。

怡老园

怡老园南至干将路，北通景德路，东临学士街，西接古城墙。怡老园在清康熙年间被第一次分割为南北两部，南部改建成江苏布政使衙署，北部为徽商陆义庵所有。在历经残酷的战争摧残后，怡老园与旧时相比格局发生了很大的改变，如今被分为数个部分，最有观赏价值的在原平江中学旧址、天官坊8号两处。在天官坊8号，它不仅是苏州人津津乐道最具原汁原味的民居，也是展示深刻文化的苏州砖雕博物馆、充满年轻活力的别致精致的民宿。博物馆、民居、民宿汇聚在这里，它们彼此不尽相同却相处得异常和谐，让古老的宅子焕发出更加蓬勃的生机。

就像老人说的，房子有人居住才生动。漫长的时光，没有将藏于街巷深处的王鏊故居遗忘，反而随着新元素的融入，体现着独特的文化生态。

"江南第一风流才子"唐伯虎的故居在哪里

一出《唐伯虎点秋香》让唐伯虎这位风流才子的形象深入人心，虽然他确实很有才华且风流不羁，但是这故事却是后人强加于他身上的。

唐寅，苏州人士，字伯虎，号六如居士、桃花庵主、逃禅仙吏等，与祝枝山、文徵明、徐祯卿并称"江南四大才子"。他是明代著名的书画家，属于"吴门四家"之一。因乡试第一名，又被人称唐解元。他因在会试时被人牵连下狱，深以为耻，辞官后回乡以卖画为生。皈依佛教后，又号六如。嘉靖二年（1523）病逝，终年54岁。唐伯虎一生有3位妻子，晚年生活艰辛，去世之后由亲友凑钱安排后事。

"桃花坞里桃花庵，桃花庵里桃花仙"，唐伯虎的一首《桃花庵歌》，是他住在这里的真实记录，唐宋时期遍植桃树的桃花坞也因此名扬四海。自建宅后，他一直住在桃花庵，一生主要的艺术作品都诞生在这里。桃花庵没能在历史的潮流中保存下来，只留下了一块刻着"唐解元之墓"的墓碑，所有建筑均为后来修筑而成。桃花庵建筑面积500多平方米，坐北朝南，大致可分为两路两进房屋。西路头进为临池而建的水阁，第二进为殿堂。水阁东侧有清代石板小桥"青莲桥"跨池，以通出入。在双荷花池西面，有许多亭台楼阁式的古建筑，挂有"梦墨亭""蛱蝶斋"等匾额。在这些建筑的西南处，建有文昌阁，二楼和三楼分别挂有"天开文运"和"文运昌盛"匾额。

桃花庵重建进行了严格的考察，参考了专家意见，作为修复唐寅故居的重要依据，尽可能地将桃花庵恢复原状。唐寅故居的修复，以他的画作为重要依据。我们所需要的不仅仅是一个可以游玩观赏的地方，更是对传统文化的保护和传承。

被乾隆皇帝称为"江南老名士"的沈德潜故居在哪里

沈德潜，字确士，号归愚，是清乾隆年间著名的诗人。他死后被追封太子太师，赐谥文悫，乾隆皇帝还亲自为其写了挽诗。

沈德潜被苏州人所熟知，另一大原因是他大器晚成。沈德潜在23岁那年继承父业，其后一边读书参加考试，一边经营教馆。从22岁参加乡试起到67岁，他总共参加了17次科举考试，终于在乾隆四年（1739）时中进士。沈德潜官至内阁学士兼礼部侍郎，在朝期间，他的诗受到乾隆帝的赏识，常与乾隆皇帝进行探讨，这使得他的诗论和作品风靡一时，对当时的文坛产生了极大影响。他位极人臣，一生显赫，曾官拜太子太傅，被乾隆称之为"江南老名士"。晚年主持苏州紫阳书院，也是中国最长寿的诗人。

以当时沈德潜的地位，他的住宅极其豪华。沈德潜故居，大门是苏州典型的六扇墙门。故居坐北朝南，现存照壁、门厅、大厅及贯穿前后的东备弄，占地约480平方米。大厅面阔三间10.8米，进深10.6米，前置

沈德潜

鹤颈轩，扁作梁，雕饰棹木，楠木步柱，青石鼓墩，是典型的清代前期建筑风格，具有很高的历史价值和艺术价值。如今整个沈德潜故居成了昆曲爱好者聚会、学习、演艺的场所。里面有三进：第一进是玉雕的店铺；第二进是供昆曲爱好者聚此喝茶聊天、切磋技艺、交流心得的地方，上方挂着乾隆皇帝的御笔"诗坛耆硕"匾；最后一进是大厅，高悬着顾廷龙书写的"教忠堂"匾额，两壁挂着沈德潜生平简表。

乾隆四十三年（1778）时，已故举人徐述夔所著《一柱楼集》被认为悖逆朝廷，引起一场文字狱，沈德潜因生前在书中为徐写传而受株连。乾隆大怒之下，亲笔降旨追夺沈德潜阶衔、罢祠、削封、仆碑，沈氏所有荣华轰然倒塌。

你知道"过云楼"有着怎样的美称吗

"过云楼"是苏州乃至江南著名的私家藏书楼，世有"江南收藏甲天下，过云楼收藏甲江南"之美称，经过近150年的传承，其藏书集宋元古

椠、精写旧抄、明清佳刻、碑帖印谱800余种。

顾文彬，字蔚如，号子山，晚年号艮庵，是清道光二十一年（1841）进士，尤其钟情古书画的收藏，他一生多方搜求，积累书画墨迹达数百件之多。他所收集的作品自晋唐至明清皆有涉猎，其中有不少传世名迹。顾文彬特意建造了过云楼和怡园用来藏书。在楼园落成后，他就辞去官职回乡，沉潜于书画艺文之中怡然自乐。

"过云楼"三个字，来源于苏东坡的"书画于人，不过是烟云过眼而已"。过云楼建于清同治年间，享有"江南第一家"的美誉。它是以宁波天一阁和苏州钟楼为范本进行规划修建的，样式类似于钟楼，用大砖灌浆砌实，防火防盗。过云楼现占地近4000平方米，三路五进。正厅进深大于面宽，呈长方形。厅后为两进

过云楼

五开间内厅与堂楼，东西两翼厢房贯通，正落东侧前两进为花厅艮庵与过云楼，中间为小庭园。

中华人民共和国成立以后，顾文彬曾孙顾公硕主动将所有在战乱中拼命保留下来的收藏献给国家，这批书画珍品归入博物馆，能得到更为妥善的保藏。2012年6月4日，江苏凤凰集团以2.16亿元竞得过云楼藏书。同年6月20日最终由国家文物局批准，过云楼回归江苏，和南京图书馆的其余四分之三的过云楼藏书团聚。这些作品的妥善保管以及流传，为中华传统文化的研究作出了巨大的贡献。

为什么义庄的豪华古宅普通人不敢居住

亲仁堂原是补园主人——张履谦的住宅区西部的祠堂建筑群，却被苏州人单独拿出来称为"最有灵性"的古宅。

张履谦（1838—1915），字月阶，号樾嘉，又号无垢居士。清同治七年（1868）考中秀才，后官至户部山西司郎中。他成年时正当洋务运动兴起的时候，张履谦通过包盐税扩大经营，数十年间不断扩大业务，成为两淮大盐商。后来在苏州置办房屋，创办小学，设置育婴堂，大兴慈善事业。他还投资苏纶纱厂、苏州电力公司等。1909年，张履谦出任苏州商务总会第四届总理。

亲仁堂是祠堂建筑，专门用来进行祭祀祭拜等严肃正式的活动。整个古建筑群分几个部分：最西一路是张氏祠堂，中间一路是三幢古建筑。东边一路是亲仁堂，东北大片是后花园。西路张氏祠堂建筑一共五进，最南的彩绘大厅是此处的精华所在。

鹤园与鹤的缘分从何而来

鹤园是一处建于清末的中国古典园林建筑，位于苏州市韩家巷4号。因翰林院编修俞樾书有"携鹤草堂"匾额，而取名"鹤园"，又被署名为"栖鹤"。1963年，鹤园被列为苏州市文物保护单位。

鹤园由道员洪鹭汀始建，宅院尚未完工，洪氏离苏，园归吴江庞屈庐所有，其孙庞蘅裳复加修建。鹤园总面积3000多平方米，布局简洁幽雅。宅园东西平列，五间三进，园门南向，有门厅五间。出门厅，东北角是自南而北贯通全园的长廊。廊西接四面大

鹤园

厅。两厅之间凿有鹤状的水池，周围植有花木与松柏等常绿树，构成鹤园的主景院落，是全园精华所在。池东筑有长廊，池西则是重檐梯形馆，造型精致，俗名"扇子厅"，以曲廊与大厅相接。

鹤园建成之后，由于清代著名词人朱祖谋曾在此居住而名噪一时，四方名士皆来拜访，一时成为文人雅集酬唱之地。园中有朱祖谋亲手种

植的一株紫丁香，花开时清香满园，沁人心脾。朱祖谋迁居上海后，清朝大臣庞蘅裳在此居住十四年，庞蘅裳好客，结交了许多俊贤雅士来鹤园举行诗会，所以园中一时出现了"少长咸集，群贤毕至"的盛况。诸多名家，如叶恭绰、张大千、梅兰芳也都曾来此宴饮交流。庞蘅裳闲居园中时，取"鹤园"谐音自号"鹤缘"。

1942年，庞氏将鹤园卖给了苏纶纱厂厂主严庆祥。中华人民共和国成立后，严庆祥将鹤园献给了国家。如今鹤园将农业与旅游、生产与消费、娱乐与休闲有机地结合起来，使人们在休闲旅游观光高科技农业的同时，更能体验农家生产劳动的野趣。

为什么袁祖庚弃官归隐后在苏州草创了艺圃

艺圃是苏州最为著名的园林之一，它是由袁祖庚弃官归隐之后所建，倾注了筑园人归隐闲居的理念，精致典雅，别有一番滋味。

艺圃

艺圃始建于明嘉靖年间，名药圃，清初改为艺圃，又名敬亭山房。艺圃的历史曲折而复杂，数次易主。园林前身是明代袁祖庚所建的醉颖堂。袁祖庚，字绳之，是明嘉靖二十七年（1548）进士，官至浙江按察副使，40岁后辞官退隐，在苏州建造宅园，过起了隐士生活。

艺圃是一所典型的明代小型园林，全园占地近4000平方米，分住宅、花园两部分。宅子有五进，有世纶堂、东莱草堂等。住宅部分不似其他园林以围墙分隔，而是直接临水，与园林相交融。园林总体布局以水池为中心，池北以延光阁、博雅堂为主体建筑，在延光阁东侧的畅谷书堂南有小方亭：乳鱼亭，为明代原物；南部以水池为中心，假山林木，以自然景物为主。假山那里种了几株山东特产的枣树，后其子在枣树旁筑一小轩，以"思嗜"为名表示对父亲的怀念。园之西南，是响月廊。此廊斜对园东之畅谷书堂。畅谷为日出前隐伏之处，向月则月尚未出，日月相加为"明"。有人认为艺圃当时对东西两处建筑的命名，寄托着园主人对明朝的向往。过了响月廊又是一组建筑，包括香草居、鹤柴轩、南斋等，还有一名叫浴鸥池的小池，池上的石板桥不设栏杆，低平而贴水，极富自然之趣，与池边的山石有机结合，似浑然天成。

艺圃为苏州市文物保护单位，已被联合国教科文组织列入世界文化遗产名录。来此处静观玩赏，体会古人静雅幽深的隐居生活，不乏为一大乐趣。

为什么章太炎要修建中西合璧的章园

章太炎，名炳麟，字枚叔，参加维新运动，加入同盟会，晚年赞助抗日救亡运动，在文学、历史学、语文学等方面，都有精深研究，著有400万字的著述。

章园始建于20世纪30年代，是一座中西合璧式建筑，青平瓦屋面，仿罗马式的大门柱子，木门窗既有苏州传统建筑风味，又有国外洋房气息，历经近百年，仍旧散发着它独有的魅力。章园为章太炎当年藏书、著述、会客和生活起居之所。外观立面是中西合璧式建筑，南部的前院为南北两幢西式楼房，北部后院国学会遗址建筑已拆除，改建平房五间，为章氏后裔所居，现有章太炎衣冠冢，碑镌张大千绘章太炎像。

章太炎出生于1869年，25岁前就撰写了《膏兰室札记》等学术

章园

著作，可见其学术功底之深厚。中日甲午战争爆发后，章太炎走出书斋，为救国奔走。他加入了康有为创办的强学会，与谭嗣同等维新志士相交，走上了变法救国之路。戊戌变法失败后，章太炎转向资产阶级民主革命。章太炎流亡日本时曾加入同盟会，为救处于水深火热的中国奔走呼号。章太炎与汤国梨在上海举行婚礼时贺客盈门，孙中山、黄兴、陈其美等辛亥革命领导人都来参加婚礼，蔡元培亲自当证婚人。后来章太炎定居苏州，开办了"章氏国学讲习会"，专门培养潜心攻读中国经典文学的学生。1936年6月病逝于苏州寓所，灵柩暂放在章园的防空洞内。1955年4月灵柩迁葬于杭州西湖南屏山下。

2011年，苏州章太炎故居被列为江苏省文物保护单位。

苏州茧庐给了"东方柯南道尔"程小青哪些灵感

程小青，中国现代侦探小说"第一人""东方的柯南道尔"，他笔下的霍桑是中国版的福尔摩斯。他的苏州故居"茧庐"的称谓从何而来？又给了他怎样的灵感？

程小青原名程青心，又名程辉斋，出生于上海南市区淘沙场的贫民窟。他18岁时开始从事文学写作，先是翻译柯南道尔的作品，后来通过创作《霍桑探案》一举成名。1917年，程小青迁居苏州，一头扎进写作里，《霍桑探案集》的大部分篇章在此诞生。当年"霍迷"无数，程小青当时红的程度丝毫不亚于现在的当红明星，不但每集霍桑的故事大卖，拍成电影后也是部部叫座，甚至还有人特地跑来请他断案。程小青在21岁时发表的《灯光人影》被《新闻报》主办的征文大赛选中。《霍桑探案》发表之后，程小青不断收到读者大量来信。是读者的鼓励，促使程小青先后写出了《江南燕》《无头案》等30余部侦探小说。

程小青故居，名叫"茧庐"，在城东寿星桥东塆的一条狭小、幽静得有点恐怖的小弄里。有文章说："他家住在城东望星桥，要走过第一人民医院的太平间后门，旁边是阴森森的殡仪馆，经常有黑漆漆的棺材横在外面，丧家的男女老少披麻戴孝，哭喊声震天。程小青的家门前更恐怖，要穿过长长的窄弄，两旁都是巍巍高墙，破败不堪，常有飞瓦砸落下来。程老是中国写侦探小说的元老，可能就是在周围环境中获取灵感吧！"

1976年，这位"侦探小说之父"落寞辞世。

叶圣陶的苏州故居在哪里

叶圣陶，原名叶绍钧，字秉臣、圣陶，是中国现代著名的作家、教育家、文学出版家和社会活动家，有"优秀的语言艺术家"之称。

1935年，叶圣陶用多年笔耕的收入购买了位于古城滚绣坊青石弄5号的一座幽静古朴、三面回廊的庭院，这个占地七分的石库门院落，一半是庭院，一半是中西式平房。院中紫藤悬垂，小径逶迤。花石围绕草坪，绿树掩映长廊，犹如小型园林。叶圣陶许多作品都是在这里完成的。

叶圣陶故居

1984年底，叶圣陶将宅第捐献给国家，拟给各地作家来苏州体验生活时小住。1988年冬天，苏州杂志社迁入此地办公。

叶圣陶出生于苏州悬桥巷贫寒之家。他曾与刘延陵、朱自清、俞平伯等创办中国文坛第一个诗刊——《诗》。叶圣陶是20世纪20年代第一位写童话的作者。他的童话作品《稻草人》是中国第一个童话集，在许多青少年当中极受欢迎。1928年创作长篇小说《倪焕之》。中华人民共和国成立后，叶圣陶曾担任出版总署副署长兼编审局局长、教育部副部长兼人民教育出版社社长和总编辑、中央文史研究馆馆长等职。1988年因病在北京去世，墓在苏州市吴中区甪直古镇保圣寺西部叶圣陶纪念馆园内。

叶圣陶著有大量教育论文、专著、书简，早年做过教学改革尝试。对汉语语言规范化、中小学语文教学科学化、系统化屡做探讨，具有独特见解与重大贡献。

附　录

名胜古迹
TOP 10

拙政园

位于娄门内东北街178号的拙政园，是苏州园林中最大的，也是最著名的一座。拙政园始建于明代，第一位主人是王献臣。他在嘉靖、正德年间官居监察御史，晚年仕途不得意，罢官而归，买地造园，借《闲居赋》"拙者之为政"句意，取名为拙政园。

狮子林

位于城东北的园林路23号的狮子林，是元代僧人天如禅师为纪念他的老师中峰禅师而创建的。狮子林拥有国内尚存最大的古代假山群。湖石假山玲珑众多、出神入化，形似狮子起舞，被誉为"假山王国"，有"桃源十八景"之美誉。

虎丘

虎丘是苏州城的标志性景观，有"吴中第一名胜"之称。苏州在春秋时是吴国的首都，吴王阖闾死后就葬于虎丘。唐代大诗人白居易在苏州任刺史时，曾凿山引水，修七里堤，使虎丘景致更加秀美。宋代诗人苏轼曾说过："到苏州不游虎丘，乃憾事也。"

留园

留园为中国四大名园之一，始建于明嘉靖年间。清乾隆末年被刘恕所得，扩建后改名寒碧山庄，时称"刘园"。光绪初年，官绅盛康买下此园，吸取苏州各园之长，重新扩建修葺，改名为"留园"。

西园寺

西园寺位于苏州金门外下塘街，留园西侧不远处，是戒幢律寺和西花园放生池的总称。该寺始建于元至元年间，本名归源寺，有四大天王殿、大雄宝殿、五百罗汉堂、观音殿和藏经楼等建筑。

寒山寺

寒山寺位于姑苏城外枫桥边，始建于南朝梁天监年间，距今已有1400多年的历史。相传唐寒山、拾得两僧曾居此，遂改名为寒山寺。今寺为清末重建。寺内有寒山、拾得画像石刻及张继《枫桥夜泊》诗刻碑。

网师园

位于带城桥路阔家头巷11号的网师园，是一处典型的清代宅园。最初是南宋淳熙年间吏部侍郎史正志罢官后建的一座宅院，自誉藏万卷书，取园名"万卷堂"，自号"渔隐"。清乾隆年间，光禄寺少卿宋宗元在万卷堂故址营造别墅，为奉母养亲之所，始名网师园，"网师"是渔夫、渔翁的意思。

沧浪亭

沧浪亭是苏州最古老的园林，原为五代吴越广陵王的池馆。沧浪亭以清幽古朴见长，融园内的假山与园外的池水于一体，在假山与池水之间，隔着一条复廊，廊壁开有花窗，透过漏景，沟通内山外水。据说全园有108种花窗样式，图案花纹变化多端，构作精巧，是苏州园林花窗的典型。

怡园

位于苏州市中心人民路中段的怡园，是清光绪年间富绅顾文彬所建的私人花园。东部原为明朝尚书吴宽的旧宅，西部为顾氏扩建。东西两部间用一道复廊相隔，复廊墙壁饰有花窗，从花窗中看东、西两面的园景，格外幽深曲折。

盘门

盘门位于苏州古城墙的西南角，有著名的"盘门三景"瑞光塔、吴门桥和盘门城楼。瑞光塔中曾多次发现珍贵文物。1963年，在第一层塔壁内发现木佛两尊，第三层塔心内取出石佛一尊以及北宋大中祥符年间砖刻等文物。1978年，又在第三层塔心砖龛内发现舍利宝幢、观音、如来铜造像、木刻印刷和碧纸金书的经卷共100多卷，为五代至北宋时文物。

街桥地名 TOP 10

十全街

原名十泉街，因有古井十口而得名。相传因清乾隆帝晚年自号十全老人，改为十全街。该街东西向颇长，旧时无树荫遮凉，故有"晒煞十全街"之语。旧时该处豪门巨构、名士寓庐栉比。

学士街

学士街，因明代大学士王鏊居此而得名。王鏊是明代探花，官至大学士。唐伯虎称赞他："海内文章第一，山中宰相无双。"

范庄前

因范仲淹在此创办义庄而得名。历史上的苏州科举功名十分兴盛，出了许多状元，这与范仲淹大力提倡教育有密切关系。于公创办苏州府学，推而广之；于私则在义庄内办了义学，解决了贫苦人家子弟上学难的问题。

三元坊

苏州人钱棨，清乾隆四十四年（1779）中乡试第一名解元，乾隆四十六年（1781）中会试第一名会元，接着中殿试第一名状元。他是清朝第一个连中"三元"的人，因此尤其荣耀。苏州的官员和百姓特地在府学之东筑起雄伟壮丽的牌坊，称"三元坊"。

山塘街

唐宝历元年（825），白居易奉命到苏州任刺史。上任不久，他坐轿子到虎丘去，看到附近的河道淤塞，水路不通。回衙后，立即找来有关官吏商量，决定在虎丘山环山开河筑路，并着手开凿一条山塘河。它东起阊门渡僧桥附近，西至虎丘望山桥，长约7里，故俗称"七里山塘到虎丘"。在河塘旁筑堤，即山塘街。

干将路、莫邪路

吴国人干将与其妻莫邪善于铸剑，他们曾铸有一对锋利无比的宝剑，一名干将，一名莫邪，都献给了吴王阖闾。后来，干将、莫邪被作为利剑的代称。1982年，苏州古城进行改造，并命名为"干将路"。崇尚历史文化的苏州人一直觉得没有莫邪是一个遗憾，于是在苏州古城东侧就有了一条莫邪路。

桃花坞大街

明弘治十二年（1499），唐伯虎赴京赶考，却遭遇祸事而归，其妻何氏非但没有半句好言安慰，最后还与唐伯虎离异。此时沈九娘给了唐伯虎安慰和鼓励，使他潜心书画，终有大成。唐伯虎娶沈九娘后移居桃花庵，唐伯虎曾写《桃花庵歌》，遂使苏州的桃花坞这一地名广为人知，桃花坞大街其名即源于此。

太监弄

这条街经常被外地朋友吐槽，但其实它是苏州相当有分量的道路，不仅两旁都是百年历史的老字号酒家，其本身所处的观前街也是苏州最为著名的商业街。相传，明代有金玉、如意两太监在此居住，遂名太监弄。

因果巷

因果巷，原名鹦哥巷，"因果"系吴语"鹦哥"谐音讹称。李寿明的《平江图》、范成大的《吴郡志》、卢熊的《苏州府志》等作为乘鲤坊巷，《姑苏图》《苏州城厢图》《吴县图》《苏州图》均标作因果巷。王鳌《姑苏志》引卢志并注："俗名鹦歌巷。"

万人码头

在石路南浩街的神仙庙旁边，相传以前是专门用来押运犯人的码头，被叫作犯人码头。苏州话里犯人和万人读音近似，后来不运犯人了，就改叫万人码头。现在经过整修后变成护城河水上游的码头。

美食特产
TOP10

苏式糖果蜜饯

苏式糖果蜜饯，松软可口，甜、酸、咸适宜，一直被列为"宫廷食品"。就品种而言，有青梅、白糖莲心、天香蜜枣等160多种，其中以金丝蜜枣、奶油话梅、金丝金橘、白糖杨梅、九制陈皮最著名。

苏州木渎枣泥麻饼

苏州木渎枣泥麻饼是典型的苏州美食风味，在木渎各大商店都能买到。枣泥麻饼人人爱吃，远近闻名，它的历史也非常久远，也很不平常。

红白汤奥灶面

红油爆鱼面、白汤卤鸭面，尝过奥灶面的人，多半难以忘怀那汤清面爽、浇头醇美的独特风味。奥灶面来源于昆山，苏州大大小小餐馆的奥灶面师傅亲赴昆山奥灶面馆学艺，让正宗奥灶面落户苏州，且不断改进配方和口味，汤水更精致，滋味更丰厚，浇头除爆鱼、卤鸭外，还添了焖肉和野生虾仁。

响油鳝糊

响油鳝糊，是老苏州的一道特色美食，具有典型的苏州美食味道。主菜是鳝丝，菜装盘后，最后要淋上热油，所以抬上桌的瞬间还会发出

"嗞、嗞"的声音。这道菜还要勾芡，成菜中仅有的那么一点点汤汁都包裹在鳝丝上，于是得名响油鳝糊。

西瓜鸡

苏州美食西瓜鸡，起源于清朝，是孔府内厨首创。据说，孔府曾用此菜宴请清皇帝、进贡慈禧太后。到了清朝末期，该菜传入苏州，变成苏州特产，成为人人喜爱的夏令名吃。此菜用西瓜和雏鸡加干贝、口蘑等配料烹制而成。

荷花集锦炖

荷花集锦炖是苏菜中很有特色的一道菜式。荷花集锦炖也叫荷花什锦炖，原汁原味，口味鲜美，典型的江苏风味菜，多用于民间喜庆寿诞，为筵席中的"压轴菜"，又称"金玉满堂"。菜品以熟火腿、鳜鱼肉、鱼肚、香菇等10多种料炖制而成。面上放有雕成齿形的熟鸡蛋，犹如朵朵荷花，造型美观，寓意吉祥。

油氽紧酵

"氽"是流行于江浙沪一带的烹调术语，又称浸炸；紧酵，指用酵量少，蒸后紧实，氽后外脆内松。苏州人更乐意称它"兴隆馒头"，含兴旺发达之意。也正因为这份美好的含义，故在冬令上市，作为春节亲友间的馈赠吃食，往往供不应求。

酒酿饼

春节一过，街上就开始弥漫起酒酿饼酸甜芬芳的滋味。酒酿饼，是春天时令的苏式食品，只卖一季。外观形似小月饼，馅料有豆沙、芝麻等。尤其是玫瑰馅，白皮红瓤，似要渗到皮上来。趁热咬一口，喷香、酸甜、脆嫩，皮软、馅甜、味糯，有一种饼不醉人人自醉的感觉。

哑巴生煎、小馄饨

哑巴生煎是苏州的一个特色美食，现在卖的已经不多了。哑巴生煎还没出锅时，香味就扑鼻而来。刚出锅的生煎热气腾腾的，轻轻一咬，里面全是汤汁，甜而不腻，肉馅非常新鲜，有咬劲，皮子煎得脆脆的，还带着芝麻的香气。如果再搭配一碗小馄饨，草根的幸福生活，便在这早餐的美食里有所体现。

糖粥

苏州的糖粥是颇有名气的，加了赤砂糖的糯米粥先盛入碗中，表面撒一层红色豆沙，有红云盖白雪之美。吃时拌匀，热、甜、香、糯四味调和，方显本色。